越線的韓國人／劃線的日本人

用心理學觀點
剖析韓日兩國

韓民——著　林侑毅——譯

【推薦序①】

我們互相理解嗎？

——日本和韓國之間

作家／新井一二三

韓國是跟日本最相近的國家。地理上，在長崎縣對馬島和釜山市之間，只有五十公里而已。歷史上，古代有天皇的母親來自韓國的文獻記載，平成天皇明仁曾在記者會上特地提到過。語言學上，日語和韓語也有最親近的關係。

那麼，日本人理解韓國人、韓國人理解日本人嗎？

答案恐怕是否定的。至少對多數日本人來說，韓國是很陌生的地方。直到本世紀初，韓劇風靡一時之前，日本人能說出的韓國人名字都寥寥無幾，少得可憐。

進入了二十世紀以後，首先有韓流，以及日韓共同舉辦的二〇〇二年國際足總世界盃。跟著在東京鄰近新宿的新大久保出現了「帥哥一條街」，不僅大賣跟韓劇、韓國明星有關的商品，也推出韓國正流行的化妝品、時裝雜貨、小吃之類。年輕一代日本人開始把韓國視為先進國家，世界性流行文化的發祥地，在他們心目中，韓國的地位迅速提高。

極其諷刺的是，在同一時間裡，兩國政府之間的關係，卻直線下降到日本媒體稱之為「史上最低」的程度。原因就在於第二次世界大戰中的慰安婦、徵用兵問題上；日方認為過去的事情早就解決了，韓方倒認為雙方政府之間的「解決」並不等於個別的受害者及遺族放棄了控訴日本政府和企業的權利。

在長遠的歷史上，韓國曾是日本吸收中國文明的途徑。在華夷順序上，韓國算是日本的長兄。然而，明治維新以後的日本，在亞洲率先推行近代化，用先進的軍事思考和能力領有台灣、韓國，然後往中國大陸和東南亞各國都擴大了勢力圈。雖然大日本帝國倒掉了，可是戰後的經濟復興中，日本又凌駕於鄰近國家。

於是，本書作者韓民寫「最令韓國感到自卑的國家，非日本莫屬」的原因，一方面有歷史上的優越位置，另一方面有近代後的地位交替，即「日帝強佔期」受盡的侮辱。但是俗話說三十年河東三十年河西，二〇二〇年代的韓國，在經濟能力和文化軟實力兩方面，都已經比日本強了。

過去韓國有不少研究日本文化的著作，如李御寧的名作《日本人的「縮小」意識》在日本都獲得了不少讀者。然而，我沒想到，韓國卻長期沒有研究自己國家文化的潮流。近代以後，日本曾是韓國奮鬥的目標，或是韓民所說的「四次元高牆」，所以當時的韓國人只要研究日本則足夠。現在已差不多贏過了日本，韓國人似乎開始感到有必要研究本國文化，並且跟日本文化之間進行比較，否則韓國也不知道哪一天會重蹈日本的覆轍，忽而迅速沒落。

文化心理學家韓民執筆的這本《越線的韓國人，劃線的日本人》，設定〈吃播大國韓國 vs A片大國日本〉〈辣姐吃香的韓國 vs 萌妹吃香的日本〉〈憤怒的韓國人 vs 厭惡的日本人〉等將近五十個讓讀者容易親近的題目，對日韓兩國文化進行比較。其中的不少對立項目，相信很多人都約莫注意到，但是一一加以分析的，這應該是頭一本專書。

韓國有豐富的日本文化研究碩果，現在站在其基礎上，方能進一步比較兩國文化。相比之下，日本有關韓國文化的書，很多都屬於所謂「嫌韓」的仇恨言論，由我看來是這些年沉澱於日本人意識底部的劣等感所致。中文版《越線的韓國人，劃線的日本人》的讀者應該有對漢人文化的深刻造詣，估計在閱讀過程中不由得產生漢日韓三種文化的多方向比較。各位會有什麼心得？我都頗好奇呢！

新井一二三

生於東京。明治大學理工學院教授。早稻田大學政治經濟學院畢業，留學北京外國語學院、廣州中山大學。任職朝日新聞記者、亞洲週刊（香港）特派員後，躋身為中文專欄作家。

近期中文作品：《再見平成時代》《獨立，從一個人旅行開始》《我們與台灣的距離》《這一年吃些什麼好？》《東京散步》等三十一部作品（皆由大田出版）。

【推薦序②】

一次搞懂那無所不在的「線」

文／蘭妮小姐（林芳穎）

「선을 넘지마（不要越線喔）！」常看韓劇的讀者一定都看過這句台詞。韓國人經常叫別人「不要越線」，正是因為他們自己就是「最愛越線的民族」！因此當我看到這本書名，忍不住莞爾一笑。

「越線」是韓國人的日常？

「越線的韓國人vs劃線的日本人」僅是其中一個章節的題目，選為書名正是因為這個概念貫穿了整本書。

在閱讀之前，我想先分享兩個例子，讓大家了解「越線」這個詞在韓國的普遍。

韓國女歌手IU在二〇一八年發行過一首數位單曲《삐삐（BBI BBI）》，歌詞寫道：

「이 선 넘으면 침범이야（越過這條線的話就是侵犯），그 선 넘으면 정색이야（越過那條線的話

我會正色以對），Stop it 거리 유지해（停止吧　保持距離）」，據說這首歌就是針對網路酸民，要他們不要再越線多管藝人私事。

韓國MBC電視台更有一檔旅遊綜藝節目，就取名為《선을 넘는 녀석들（越線的傢伙們）》，巧妙地運用雙關語。（讓主持群探訪國界相連的兩個國家，越過「邊境的線」體驗當地文化，而後越過「時間的線」查看過去的歷史。）

「越線」頻繁出現在韓國的音樂、影視作品當中，可說是韓國社會的寫照。

韓國社會無所不在的「線」

韓國社會隱形的線透過許多面向來表現，例如，韓語中的「敬語」和「半語」、合約上的「甲方」和「乙方」、韓國企業的內部職稱等等，這些「線」代表了階級、社會地位和權力關係，通常不能輕易跨過。

但有一種線包容了上述的線，那就是「우리（我們）」這條線。

作者在書中提到，「韓國人明確區分內團體和外團體，對韓國人而言，『我們（우리）』和『別人（남）』是不同的概念。」韓國人平時把「我們」和「別人」分得很清楚，但只要彼此志同道合算是「自己人」，也能和陌生人打成一片。

韓國人的人情味 vs 多管閒事

這本書用心理學解構韓國人和日本人的思考模式，是坊間少見的類型。我印象最深刻的一篇，是作者提到最具韓國特色的情感則是「정（情）」，也就是人情味，而韓國人情是建構在主觀性。看到這裡我突然憶起旅居韓國的一件小事。

當年我到韓國工作沒多久，有一天韓籍主管帶來兩大盒他媽媽親手醃漬的泡菜，讓我帶回家吃，對一個海外遊子來說，當下只有感動想哭，沒有深究其背後原因。如今透過作者解說，我終於懂了！主管送我泡菜很可能是源自他的「主觀判斷」，認為我離鄉背井需要被關懷、被照顧。作者說，「這種源自於自己所認知的雙方關係，並且想要為對方做點什麼的溫暖心意，就是（韓國人的）人情」。

作者也直白點出韓國人在人際關係上，最具代表性的特徵就是「多管閒事」。就算是初次見面的陌生人，部分韓國人也會用自以為為對方好的方式，做出一些行為，我想如果用台灣的玩笑話來比喻，大概類似「有一種冷，叫做阿嬤覺得你冷。」這種「帶有人情味的多管閒事」，是不願對別人的事袖手旁觀，但如果過多就會越線了。

作者舉大量實例搭配歷史脈絡，探究韓、日民族不同行為模式背後成因，內容生動淺顯易懂。我尤其欣賞每一章最後，都以一篇「文化判讀的基石」作結，教大家如何理解文化，消除刻板印象與偏見。不論是喜愛日本文化、熱愛韓流，或是「好想贏韓國」的台灣人，相信閱讀完都能對這兩國有更深層的認識。

關於蘭妮小姐

本名林芳穎，因追星開始學韓文，曾旅居韓國擔任新創公司行銷經理，現職資深國際新聞記者，Podcast節目《韓國話匣子》主持人，長期關注韓國脈動及韓流文化。臉書專頁：Hallo Laney蘭妮小姐

【推薦序③】

如今我們正需要一本反思韓日文化的教材

譯者／林侑毅

二〇二三年三月，韓國女團BLACKPINK在高雄連開兩場演唱會，門票開賣隨即售罄，吸金估計超過四億。然而不過是十五年前，台灣還處於哈日風潮中，日本流行教主濱崎步二〇〇七年在台灣舉辦第一場演唱會，門票同樣迅速售罄。曾經日本家電在台灣人心中與堅固耐用畫上等號，如今韓國家電產品已經成為許多人的首選。

我與許多台灣七年級生一樣，在濃厚的日本文化下長大，從小聽著〈長崎蝴蝶姑娘〉，吃著長崎蛋糕、富士蘋果，喝著靜岡茶。逢年過節回到爺爺、奶奶家，總能看見客廳貼著巨幅的富士山圖，彷彿那是他們人生最終的歸處。當時並未接觸過任何殖民理論，周遭也沒有質疑日本的聲音（幾乎是一片歌頌），我從未懷疑過日本在我作為台灣人的生活中代表的意義。

直到大學進入韓文系就讀，我開始在課堂中接觸到韓國歷史，驚訝於韓國近代史與台灣的相似之處，也對韓國人的反日與台灣人的哈日現象產生好奇，從此種下我反思日本文化的契機。後來負笈韓國就讀研究所，看著韓國史料與教科書中多次提及的日本入侵（包括十六世紀末的壬辰倭亂與二十世紀初的日帝強佔期），以及韓國經常上映以日本入侵為題材的電影，乃至於韓國人提及歷史時對日本的憤慨，我第一次陷入自我認同的混亂。同樣受日本殖民，同樣有部分文化及歷史建築被迫消失，同樣有大量的慰安婦與強制徵兵，為什麼身為台灣人的我不曾反思日本對我個人的影響，而是理所當然地接受，甚至更習慣說出「日韓兩國」，而非「韓日兩國」？

在翻譯這本《越線的韓國人，劃線的日本人》時，我不僅解開了自我認同的一些疑惑，也一併解決了我留學韓國多年對韓國人的困惑。正如本書書名所揭示的，線、牆、邊界等關鍵詞是理解韓日兩國文化的重要線索。韓國與日本儘管在跨文化心理學中被歸類為集體主義文化，卻發展出全然不同的人際關係與文化，關鍵就在於對「線」的不同定義。

在韓國留學期間，我多次受到韓國老師、前輩的照顧，不僅吃飯未曾自掏腰包，即使是課堂報告或論文，都有韓國前輩主動幫忙修改，提供寶貴的意見。我永遠記得他們從未要求回報，只會告訴我：「侑穀，韓國長輩照顧晚輩是應該的，不那樣做的人才有問題。你以後也會是別人的前輩，記得也那樣照顧晚輩就好。」這種「多管閒事」甚至有時過於「越線」的行為，背後是對對方的關愛，當然也可以解釋為位階秩序下的權力介入，企圖掌控對方的一切，所以近年來越來越多韓國年輕人反對這樣的行為，不願他人干涉自己的生活。

至於日本，作者利用《進擊的巨人》《令人討厭的松子的一生》等著名日本電影、動畫作品解釋「線」之於日本人的意義，讓人立刻豁然開朗。

這本於二〇二二年一月在韓國出版的文化觀察書，同樣引起日本人的好奇，二〇二三年三月已出版日文譯本，如今時隔五個月又將出版中文譯本，相當好奇台灣讀者會如何看待這本書。在翻譯時，我刻意保留了「日帝強佔期」等韓國歷史用語，也刻意以「韓日」的順序呈現作者身為韓國人的主體性，而不隨台灣人熟悉的既定用法。各位讀者如果在閱讀的過程中，能因為陌生的翻譯用語而促發自己批判性思考日本對台灣的影響，從而不帶個人情感地客觀看待韓日兩國，那將會是我身為譯者最大的喜悅。

第一章 韓國文化和日本文化如此不同

CONTENTS

第二章 韓國人和日本人民族特性的誕生

第三章

揭開文化，就能看見隱藏的圖像

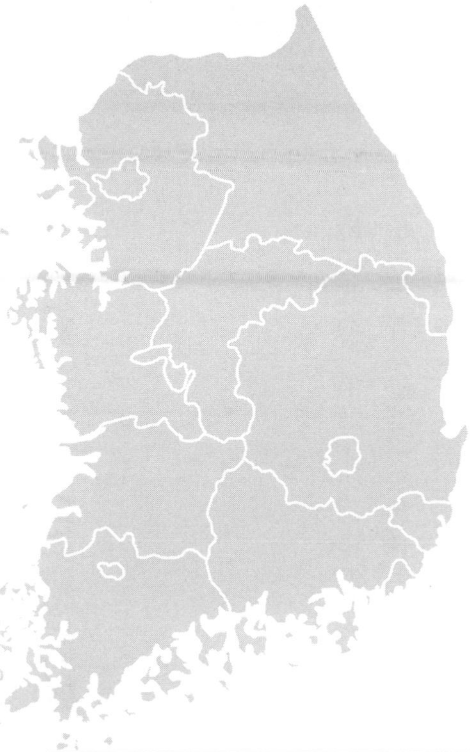

第四章
韓國人和日本人的深層心理

〈前言〉黃金交叉已經開始

韓國的地位早已今非昔比。韓國已經擁有世界前十名的經濟實力和軍事實力，也在奧運、世界盃等運動賽事中屢獲佳績，就連過去仍有待加強的文化，都已具備世界級的影響力。從二〇〇〇年代中期開始，我就相信韓國將會迎來這樣的一天，只是沒想到這一天會來得如此突然。

除了受全球矚目的指標，例如美國告示牌（Billboard）第一名（BTS）、奧斯卡獲獎（《寄生上流》《夢想之地》）、Netflix收視第一（《魷魚遊戲》《地獄公使》）等殊榮外，受韓流影響而學習韓語的外國人也正快速增加，更有不少人為了深入了解韓劇和電影而研讀韓國歷史和文化。韓流從幾位韓國巨星的帶起，到進入內容的創作，再延伸至文化，如今可以稱得上是第三波韓流的興起。

真可謂滄海桑田呀。最近年輕人記憶中只有韓國優渥富裕的一面，大概不太能理解，不過至少在我的成長階段，韓國的文化力量可以說受盡嘲諷。曾經有一段時期，人們常說「我不看韓國電影、我不聽韓國歌」，用來顯示自己的高尚。

最令韓國感到自卑的國家，非日本莫屬。當然，超強大國美國和奠定現代文明基礎的歐洲，也曾是我們羨慕的對象，然而我們之所以對日本有這樣的情緒，或許是因為早在三國時代，日本還只是我們對外傳播文明的國家吧？也或許是因韓國竟遭受這樣的國家殖民，留下了不光彩的歷史吧？韓國人對於落後日本這件事，似乎尤其難堪。否則怎麼會有「猜拳也想贏日本」的說法？

當韓國經歷殖民地時期和南北韓戰爭，正開始建設現代國家雛形時，日本早已是無法跨越的四次元高牆了。繽紛絢麗的街道、精美華麗的流行時尚、高科技電子產品和吸引孩子們目光的動畫與漫畫、遊戲等，日本在各個方面都是遠超韓國的國家。

長久以來無論再怎麼努力，韓國人總會面臨一道無可奈何的現實高牆，甚至部分長輩會自嘲地說：「反正韓國只能跟在日本屁股後。」這些話讓人心裡很不是滋味。甚至直到最近幾年，贏過日本依然是難以想像的事，而日本於二〇一九年忽然對韓國展開的「貿易制裁」，更是強化了韓國人對日本的自卑與恐懼。

然而韓國真正從日本身上獲得自信的時刻，也正是對貿易制裁感到不痛不癢的那一瞬間起。韓國政府和企業竭盡全力尋求出路，人民也以拒買日貨運動作為抵抗。當然也有人選擇放棄，認為那對日本起不了作用，或是不看好人們的決心，認為最後一定無法堅持下去，不過日本那樣野心勃勃（？）的貿易制裁，結果其影響卻是微乎其微。

從去年（二〇二〇年）開始席捲全球的新冠肺炎疫情，也是促使我們重新看待日本的契機。韓國快速實施得來速篩檢站、公開確診者路線、推動口罩五部制[①]等措施，奠定了「K防疫」的品牌，而在同一時間，日本仍努力在疫情初期盡可能減少確診人數。從「鑽石公主號事件」起，到用郵件和包裹寄送紓困補助金、對確診者的歧視和孤立，甚至是政府與當局「沒有篩檢，就沒有確診者」的態度等，都和過去被視為危機應對榜樣的日本相去甚遠。

韓國目前還不能說超越了日本。再怎麼說，日本依然是世界第三大經濟體，遊戲、動漫等文化影響力仍舊不容小覷。只不過，日本已經不再是過去那道「無法跨越的四次元高牆」了。如今韓國和日本在許多領域並駕齊驅，甚至某些領域已經超越了日本。

這一切是怎麼發生的？難道是因為韓國人比日本人更了不起？還是因為天生基因優良？這樣的想法有很大的問題，因為事實完全不是如此。如果是那樣的話，我們大概不會經歷日帝強佔期[②]。綜觀世界歷史，常有某方勢力所向披靡，而某方勢力屈居下風。如果過去稱霸四方的民族繼續輝煌，現在掌控世界的應該還是埃及才對。任何一位現代社會的知識分子，都不該從與生俱來的天資或基因中尋找致勝的原因。

我想答案就在於文化。日本快速應對世界情勢，成為亞洲第一個已開發國家，並且長久以來深深影響著全世界，而韓國主權被剝奪，經歷同族相殘的悲劇和南北分裂，在經濟、文化上長期追趕在日本等已開發國家背後，這樣的歷史發展也可以從兩國的文化中找到答案。此外，日本經過N個「失落的十年」，在各方面呈現停滯的原因，以及韓國同一時期在政治、經濟、軍事、文化上急起直追的原因，都與文化脫不了關係。

隨著日本經濟制裁（？）的啟動，人們開始努力了解日本。不少專家出版著作，而對日本稍有認識的YouTuber，也趁機賺了一波流量。「那些人究竟為什麼會那樣？」對於日本和日本人的疑問，似乎是韓國人終其一生的課題。其實過去一直都有介紹日本的書籍，例如李御寧老師③的《日本人的「縮小」意識》、前國會議員田麗玉④的《日本不存在》⑤，以及屈指可數的文化心理學家金珽運老師⑥的《日本狂熱》⑦等。然而相較於此，韓國人對於理

---

① 依據出生年份尾數決定口罩購買日期，尾數1和6、2和7、3和8、4和9、5和0，分別於週一至週五購買。

② 韓國對日本殖民時期的正式稱呼。

③ 一九三四～二〇二二，韓國文化評論家，曾擔任韓國文化部首任部長。

④ 一九五九～，韓國作家及政治人物，曾任KBS東京特派員及韓國第十八、十九屆國會議員。

⑤ 原書名《일본은 없다》，無中譯本。

⑥ 一九六二～，中文譯作有《偶爾也需要強烈的孤獨》。

⑦ 原書名《일본 열광》，無中譯本。

解韓國和韓國人的努力，卻遠不及日本。雖然不是完全空白，不過大多沒有受到關注，或是用「缺乏客觀性的自我中心觀點」來分析，理所當然地接受。所以我試著比較韓國和日本，比較韓國文化和日本文化。當然，這絕對不是幼稚地拿韓國的優點和日本的缺點來比較的意思。

人類有著與生俱來的普遍需求，這無關文化，例如飲食、睡眠、愛，想成為比他人更優秀、力量更強大的人。然而滿足這些需求的手段各不相同。我所要比較的部分，正是韓國和日本兩國對人類普遍需求的應對方式。

從這個層面來看，韓國人和日本人存在著巨大的差異。過去日本長期居於上風，而韓國遠遠落後的原因，以及日本在原地踏步的同時，韓國已經急起直追的原因，都在這裡。至於未來哪天日本再次強大，韓國逐漸走下坡，原因也可以從這裡發現。

本書是基於各種文化心理學理論和我個人學術上較為成熟的看法所撰寫，各位可以不同意我的看法，但是請各位一定要知道，這些主張並非毫無根據或單憑我個人想像自圓其說。隨時歡迎和我想法不同的人提出反駁或討論。

但是有一點我敢保證，我不會像一些沒有個人主見的學者那樣，躲在客觀的話語背後，用似是而非、可有可無的論述浪費各位讀者的時間。我在前作《超人為什麼去了美國？》⑧也曾提過，各位絕對有資格閱讀知識豐富的學者撰寫的自信之作。

我撰寫這本書的目的，首先是為了那些和我有相同經驗的人。我們曾經在得知《無敵鐵金剛》不是韓國漫畫後，受到極大的衝擊，也在成長過程中讀著《灌籃高手》，一邊聽著索尼隨身聽，對日本既憧憬又自卑。希望這本書能幫助和我相同年齡層的人，如今可以用更自信的態度面對世界。

另一方面，我也希望那些沒有經歷過韓國青黃不接的年代的年輕人，能夠好好閱讀本書。任何一個國家都會有興亡盛衰，既然有繁榮的時候，當然也會有衰退的時候。請各位不要沉溺於滿滿的韓國價值，而是要為隨時爆發的危機預做準備，培養克服危機的智慧。當然，僅憑我個人的一本著作影響有限，但是應該足以培養各位宏觀的全球視野了。

好的，那麼——

就跟著我這個瀕臨絕種危機的文化心理學家，走進一則又一則韓國人和日本人的故事中吧。

---

⑧ **原書名**《슈퍼맨은 왜 미국으로 갔을까》，無中譯本。

※本書註解皆爲譯註，特此說明。

第 一 章

韓國文化和日本文化如此不同

第一章談韓國和日本的文化現象。韓國和日本是兩個天差地別的國家。應該說文化的走向完全不同嗎？當然彼此也有不少相似之處，但是差異更加明顯。這裡將思考兩國的文化差異，以及造成這些差異的原因。

文化差異形成的原因相當簡單。人類具有普遍的需求，只是滿足這個需求的方式隨文化的不同而有差異。簡而言之，人類都要穿衣服，但是衣服的材質、型態和功能，不是會隨著居住的地區和審美觀、習慣而大不相同嗎？韓國人和日本人也是如此。同樣是智人（Homo sapiens），也深受儒家文化、集體主義文化影響，有許多相似之處，所以生活中該做的事情和心中的期待也可能差異不大。但是完成這些事情和期待的方式就不可能相同了。韓國人和日本人在滿足類似的需求時，究竟會尋求哪些方法呢？

吃播大國韓國 VS A片大國日本

以A片和吃播為代表（？）的日本和韓國的文化內容，其共通點就在於Porn……一般被稱為A片（Adult Video）的Porn（色情片），在一九八〇年代成人電影光碟出現後，逐漸發展為日本最具代表性的性產業之一。

吃播隨著影音平台AfreecaTV、YouTube等自媒體的登場而出現，是韓國極具代表性的文化現象。通常由BJ或YouTuber表演進食的模樣。他們會以大量進食或食用相當罕見的食物，甚至是吃得津津有味的模樣來吸引觀眾。吃播在國外又被稱為food porn。從展現性感、進食或人類原始欲望的行為來看，Porn這樣的形容的確很合適。

A片和吃播這兩種展現性感、進食和人類原始欲望的行為，為什麼會成為代表兩個國家的文化內容呢？首先來看A片，不對，是先來看日本的情況。

稱呼日本的詞彙不少，「性進國」正是其中之一，也就是「性先進國」的意思[1]。其實

---

(1) 在韓語中，「先進國」與「性進國」發音相似，因此以諧音稱日本為「性進國」。

日本的性文化以其細膩程度與赤裸程度，在全世界頗負盛名。日本性產業更為人所知的稱呼是「風俗產業」，當中除了最具代表性的ＡＶ（adult video）外，也有泡泡浴（ソープランド）、妄想俱樂部（イメージクラブ）、電話俱樂部（テレフォンクラブ）、偷窺屋（のぞき屋，可以偷窺女性的店家）等運用各種性幻想的營業場所，甚至涵蓋了可以滿足各種幻想的成人用品、動漫、遊戲，各種人們想像得到的領域都包含在內。

日本性產業之所以如此發達，首先起因於他們的文化。從過去日本男女一起使用浴場的混浴，到親人之間結婚的近親婚姻（當然有允許範圍）、村中青年進入女子閨房過夜的私通（夜這い）、將自己妻子借給客人的風俗等，有許多文化是韓國人用自己的觀點難以理解的。

據推測，當時被海洋和高山孤立的地區，因為地理上的限制和連年不斷的戰爭，導致男女性別比例失衡的歷史條件，以及容易以性為補償手段的男性武士文化等，對這樣的性文化帶來一定的影響。儘管到了十九世紀末期的明治維新時期，才立法禁止了這樣的文化，不過要等到這些現象真正消失，還需要一段時間，今天日本人的性觀念依然建立在這樣的文化上。

儘管性產業如此蓬勃發展，卻似乎沒有直接聯繫到日本人實際的性生活。根據二〇一八年全球性健康關懷企業「TENGA」所做的調查，在綜合評比性關係及自慰滿意度、頻繁度、性能力、與性伴侶的交流等項目的「性生活滿意度指標（The Good Sex Index）」中，日本獲得三十七・九分，在所有調查的十八個國家中敬陪末座。該調查平均分數為六十二・三分。

韓國則在此次調查中獲得四十・七分，名次為日本之前的第十七名。雖然韓國的名次也是值得日後深思的問題，不過性先進國日本的名次排行倒數，倒是頗令人意外。

從日本數年前流行的草食男一詞，便可以推測這個現象的原因。草食男是指沒有強烈展現出男性陽剛形象，熱衷於個人嗜好，但是對於和異性戀愛態度消極的男性。

首度使用這個詞彙的日本專欄作家深澤真紀，將草食男出現的背景，歸結於他們出生於物質富裕的年代，不必過度努力以求生存，加上他們在所謂「失落的十年」下長大，對未來不抱太大的期待，只在意自己是否過得好等原因。

隨著草食男的增加，與異性的交往或對性關係的興趣日益降低，日本人低落的性生活滿意度似乎就是此一發展的結果。那麼，ＡＶ等依然如日中天的日本性產業，我們又該如何理解呢？

當然，已經產業化的性產業自然有其經濟層面的支撐，不過背後隱藏著的，或許是日本人根本的需求。比起文化上的需求，那是更根本的交流需求、社會性需求。人類是社交動物，演化生物學家羅賓・鄧巴（Robin Dunbar）指出，靈長類的社交本能可以增加生存機率。人類為了生存而聚居，並且為了更好的生活而與他人溝通。

與外界的持續互動，不僅有助於心理健康，也直接影響了生理健康。和家人、朋友、鄰居和睦相處的人，比其他人活得更健康、幸福。這個事實已經獲得許多研究支持。手機、網路、遊戲及各種社群媒體的發展，迎來了人類可以獨立維生，甚至還能過得相當愉快的時代，不過即便如此，人類內在的社交需求尚未消失。

在日本，與他人見面交流的需求，似乎以性的型態表現出來。對日本人而言，當然是採用文化上最普遍的方式，也就是偷窺。日本人喜歡明確區分內與外、自己與他人、群體內與群體外，他們嚴格守護私領域，同時極度排斥侵犯他人私領域的行為。這樣才能讓他們獲得安全感。

如此一來，日本人便產生了渴望一窺他人私領域的需求。難道不會這樣嗎？人類可是對禁忌滿懷好奇呢。日本有許多偷拍類型的綜藝節目，而且相機技術高度發展，可以說都是源於相同的原因，也就是偷窺他人私領域的快感。

性是人類最私密的行為。在互訴愛意時，男男女女潛入幽暗寂靜之處，或是選擇四周有牆壁遮蔽的房間。掀開這道牆壁，就能看見最隱密的行為，自然帶給人更大的快感。此外，性行為是兩個人拋開區別彼此的一切，所進行的最高層次的社交。這不只是身體與身體的碰觸，而是雙方進入彼此體內，享受對方內在的行為。

能夠滿足這兩種需求（交流＋偷窺）的正是A片，也就是Porn。A片反映了日本人想打破他人和自己之間的牆壁，感受人與人之間溫度的欲望。

那麼，韓國又是如何的呢？韓國也出現了與日本相似的社會現象。韓國的性生活滿意度排名在日本之前的第十七名，和草食男一樣不願意結婚，享受單身生活的人，正不斷增加。週末綜藝節目《我獨自生活》締造了超高收視率，也是有原因的。

經濟問題等現實生活上的困難，使人們逃避婚姻，追求小確幸等個人的享樂，這與個人主義文化的抬頭都是普遍的文化現象。而在社會關係中，越是遭到疏遠，對這段關係越感到飢渴的態度，也具有文化普遍性。然而滿足這種需求的方法，會隨著文化的不同而大異其趣。

韓國的情況就是用餐。對韓國人而言，吃飯是聯繫社會關係的重要象徵，所以常會對許久未見的朋友說「一起吃飯吧」。在韓國文化中，有不少能一窺用餐意義的情況。

韓國人在搭訕的時候，會說：「要不要一起吃頓飯？」感謝某人的時候，會說：「我來請客。」朋友身體不舒服的時候，會說：「要好好吃飯。」韓國人藉由吃飯來表達對對方的關愛，也從對方身上感受關愛。

可見，吃飯在韓國文化中扮演非常重要的功能。對韓國人而言，吃飯的行為等同於交流情感，確認雙方是一家人的關係，同時給予彼此慰藉與諒解。

然而近來隨著社會的轉變，與他人面對面吃飯的時間逐漸減少。加上生活週期改變，一人家庭的生活模式日益普遍。不過即便如此，藉由一起吃飯滿足需求的習性尚未消失。

吃播便是這樣的證據。比較誰吃得更多、誰吃的東西更稀奇，這並非吃播的本質。韓國人想看的，是和自己面對面一起吃飯的人。所以韓國人下班晚歸，帶著一身疲憊回到家，在沒有任何人迎接自己的家裡，吃著早已過了用餐時間的晚餐，不知不覺就打開電腦，搜尋吃播。

韓國電視上有不少美食節目，原因也在於此。我們為什麼要看藝人到處去玩、到處享用美食的節目？那是為了得到和他們一起吃飯的感覺。因為自己一個人吃飯太寂寞了。

雖然近來獨食、獨酌不再顯得格格不入，一個人獨居也逐漸成為新的生活型態，然而對人際關係的需求並不會輕易消失。吃播可以說是以最韓國的方式展現關係需求的文化現象。

當然，進行方式也是很韓國的。如果說Ａ片一般是單方面呈現性行為場面的話，那麼與觀眾互動就是吃播的一大特色。觀眾透過聊天室或留言的方式與吃播主互動，而ＢＪ或YouTuber則回應觀眾的要求。經常可以看見在吃播過程中，留言區一起出現在畫面上的情況。

吃播是不斷和對方互動、回饋，共同創造某個成果的行為，這是韓國人喜愛的社交方式。這種方式，自然和明確劃出雙方領域的界線，避免侵犯私領域的日本人不同。

辣姐吃香的韓國VS萌妹吃香的日本

依據各種標準為世界文化分類的霍夫斯泰德（Geert Hofstede）認為，日本是高度男性化的社會。至於韓國，則被歸類為女性化的社會。我知道有些讀者非常意外。

霍夫斯泰德的男性化／女性化區分，並非我們一般認定的意義，而是更接近溝通的方式。在他的定義中，單方面傳達某種主張或意見的方式屬於男性化，而多加思考對策，傾聽彼此意見的方式則屬於女性化。

霍夫斯泰德分析其他多項因素，將男性化社會定義為男女性別角色明確區分的社會，也就是男性個人主見較強、豪邁，並且追求物質上的成功，而女性較為謙虛、溫柔，關心生活品質的社會。女性化社會則是男女社會功能重疊的社會，也就是男性和女性同樣謙虛、溫柔，並且關心生活品質的社會。

根據此一標準，日本的男性化程度在調查的五十個國家中位居第一，韓國則排行第四十一名（排名越低，女性化程度越高）。這樣的結果，和韓國人的認知多少有些不同。其實韓國雖然被認定為「儒家父權社會」，不過存在不少母系社會的特徵，至少女性在家庭中具有相當大的影響力，這點是無庸置疑的。朝鮮歷代國王高度警惕外戚，原因也在於此。

在朝鮮前期（壬辰倭亂之前）[1]，女性的社會地位仍相當高。不僅直接使用婚前的姓氏（父親的姓），也和男性一起參與祭祀，兒女都能繼承遺產。據說在高麗時代[2]，女性的社交活動相當活躍。

丙子胡亂[3]之後，社會迅速轉趨保守，過去女性的地位也發生了天翻地覆的轉變。女性轉入夫家生活，並受「七去之惡」[4]束縛的冤恨，在韓國歷史上並未出現太久。

或許是因為這樣吧。進入現代社會後，韓國的女權開始迅速提升。在日帝強佔期、大韓民國臨時政府時期，早已宣布「大韓民國人民不分男女貴賤及貧富階級，一律平等」，這項聲明延續至一九四八年制定的憲法精神，女性的參政權正式獲得保障。想想數十年前的韓國還只是儒家父權國家，而且西方部分國家直到一九七〇年才承認女性投票權，從這兩點來看，可以說韓國女權提升的速度相當驚人。

當然，持續兩百多年的男尊女卑文化，並非在一朝一夕間發生改變，不過至少韓國人持續努力在改善這個問題。韓國女性在獨立運動、經濟復興、教育及社會上都有卓越貢獻，她們打破性別不平等的認知，找到了自己的定位。

雖然目前男女之間的矛盾，似乎要比任何時候都要嚴重，不過我認為這是必經的過程，是追求平衡的過程。這不是要男女反目成仇，將對方視為不可不消滅的敵人，而是只要認同男女是必須共存共生的關係即可。

總而言之，韓國表面上看似發生驚天動地的騷動，然而從宏觀的角度來看，卻是在一步步地改變，任何一個領域都是如此。那麼日本又是如何的呢？

日本對於性別角色的觀念依然相當傳統。近來《街頭女戰士（Street Women Fighter）》在韓國颳起一陣旋風。這些橫掃舞台的霸氣辣姐，令許多觀眾為之瘋狂。舞者過去沒有受到較多關注，然而如今她們的力量與潛力，以及舞者（編舞家）這樣的職業、對舞蹈的熱情與哲學，都帶給觀眾深刻的共鳴。

日本人普遍認為這些韓國女性「可怕」。不僅是對《街頭女戰士》的舞者，甚至對K-POP歌手也是這樣的想法。因為日本女性多展現出溫婉、柔弱的形象。最能凸顯日本這種女性形象的，就是出現在J-POP和動漫、遊戲等日本文化內容中的「少女」。

在日本，不僅是歌手或藝人，就連一般女性也廣為接受這種「女性化」的女性形象。甚

① 朝鮮時代為一三九二年至一八九七年，一般以一五九二年至一五九八年日本豐臣秀吉帶兵入侵朝鮮的壬辰倭亂為分界，區分前期和後期。
② 九一八～一三九二，開國國王為王建。
③ 指一六三六年清朝皇太極稱帝後，率領軍隊攻打朝鮮，逼迫朝鮮仁祖出南漢山城，下跪投降的歷史事件。
④ 指丈夫可以將妻子逐出家門的七條規定，例如不侍公婆、無法生產等。

至全世界也認為日本女性具有女人味且順從。這種認知源於傳統日本看待女性的態度。

日本對於女性的認知，可以總結為「弱者」一詞。這和過去韓國用陰陽理論來理解男女的角色，強調男女應發揮符合自身角色的功能，是完全不同的邏輯。可以說日本是以男性強壯、女性柔弱的力量邏輯（？）來區分。

在日本文化中，強者和弱者不單是用力量的強弱來區分。強者必須要能履行社會賦予自己的角色，並且能守護自身名譽等關於個人的一切。此外，強者有權支配弱者，並向弱者提出任何要求。

反之，弱者必須服從強者的支配，任何挑戰強者地位或拒絕強者要求的行為，都是不被容許的。甚至強者會把接受弱者的幫助視為一種恥辱。所以日本漫畫主角才會那樣吶喊自己要變強，堅定變強的決心。弱者的命運正是如此。

日本女性被視為弱者的情況，存在於各個領域。例如日文中有「女子力」這樣的詞彙，是表示順從、可愛且具有女性魅力的新造詞。也就是說，日本存在著以女子力來評判女性的文化。

當然，女性的女性氣質也可能是構成女性魅力的因素之一。但是由整個社會制定一套標準，要求女性符合這套標準的做法，似乎不太合乎現代社會的原則。

除此之外，無論是日文當中區別男性用語和女性用語的語言特性，還是電視節目毫不避諱地播放女性來賓裙底風光、觸摸女性身體的行為，又或是過度強調女性育兒責任等，這種明確區分男性與女性的差異，當女性未能遵守規範時，便加以撻伐的社會氛圍，也可以說是和韓國天差地遠的日本文化特色。

日本這種對待女性的態度，與傳統性文化結合，進一步強化了將女性視為性對象的傾向。如此一來，人們眼中的女性不再與男性平等，而是淪為弱者，必須接受男性的支配與要求。在消費日本琳瑯滿目的19禁影音內容時，請務必留意這點。

當然，情況因人而異。日本有非常強調性別平等的人，韓國也依然存在著固守過去男性中心文化的一群人。日本也是現代民主主義國家之一，性別平等政策等制度也有值得韓國學習的地方，我也不是說韓國女性人權或社會活動的程度已經非常完美。

我想告訴各位讀者的是，韓國和日本對女性的態度存在差異，而這個差異可能源於兩個國家的文化背景。不過這裡有一個非常明確的事實，那就是韓國人不會全盤接受落在自己身上的現實，即便那在過去是多麼正確且理所當然的事。

日本至今也為提升女權付出許多努力，不能說日本女性是逆來順受的。然而少數人的努力，似乎難以撼動整體文化意識。這是因為日本人尤其抗拒改變既有的慣習。

網路遊戲當道的韓國 VS 單機遊戲當道的日本

韓國是公認的遊戲大國。如果用世界電玩大賽WCG（World Cyber Games）的成績來為各國遊戲實力分類，韓國可以放入「神之領域」了。由此可見，韓國的遊戲實力無人能出其右。

無論什麼類型的遊戲，例如《星海爭霸（StarCraft）》系列、《英雄聯盟（LOL）》、《鬥陣特攻（Overwatch）》等，韓國隊都在各大電競比賽中屢獲佳績，席捲各項獎金。甚至是頂尖遊戲公司耗費心力推出的作品，韓國隊也能在數小時內破關。韓國人在遊戲世界中，可以說是讓人「聞風喪膽」的存在。

說到這裡，讀者或許會有這樣的疑問，「為什麼韓國人這麼會打遊戲？」如果在網路用「why Korean」，也就是「為什麼韓國人……」來檢索，就能看見自動完成建議出現「game」，可見全世界的人都對韓國人和遊戲感到好奇。

其實，韓國人似乎對這個現象不那麼好奇。在韓國人贏得遊戲大賽冠軍或選手獎金排名進步的新聞報導下，總會出現這樣的熱門評論：「要不是沒什麼好玩的，韓國人遊戲會打得那麼好嗎？」

真的是那樣嗎？我非常不同意韓國人「沒什麼好玩的」這句話。因為這種說法不只出現在遊戲上，其他許多地方都能發現。

例如聽到某部電影票房超過千萬，就會有人說：「韓國人沒什麼好玩的，所以才去看電影。」聽到週末山上登山客人滿為患的消息，也會說：「韓國人沒什麼好玩的，所以才會往山裡跑。」聽到職棒比賽觀眾超過百萬人，一樣會說：「韓國人沒什麼好玩的，所以才會擠到棒球場。」

等等，真的「沒什麼好玩的」嗎？又打遊戲，又登山，又看電影，又去看棒球吔？明明有很多好玩的不是嗎？所以說「沒什麼好玩的」才去打遊戲，似乎不是正確的說法。

我們所忽視的，是人們打遊戲的原因。各位為什麼打遊戲？遊戲是想要打才打的，不是誰要我們這麼做的。遊戲打得好也是一樣的。因為想要精益求精，自然打得好。

所以問題很簡單，不是「為什麼韓國人遊戲打得好？」而是「韓國人為什麼想把遊戲打好？」其實就是把焦點從表象轉向表象背後的需求。這就是文化心理學的思考方式。

開頭有些冗長了，現在正式開始來看韓國人遊戲打得好的原因。首先，人們當然是因為好玩才打遊戲。遊戲中有許多帶給玩家樂趣的元素，例如引人入勝的遊戲畫面、使人沉浸其中的遊戲劇情，以及完成任務時得到的報酬等。

但是遊戲的樂趣除了遊戲本身的這些元素外，還有其他的原因。每個人感受有趣的原因和脈絡因人而異，也因文化而異。

在打遊戲的眾多原因中，最能凸顯韓國文化的部分，在於「能和眾人一起玩」的需求。去網咖有時是自己一個人，不過多數時候是和朋友一起去。眾人會進入同一個遊戲和同一個伺服器，並且組隊一起玩。如果朋友不能一起去，有時也會和同一個遊戲裡認識的玩家約好時間一起玩。即使是自己一個人打遊戲，通常也會選擇多人連線的遊戲。

大量玩家同時進入同一個遊戲，在遊戲中扮演各自角色的遊戲方式，稱為MMORPG①。目前幾乎所有遊戲都採用這種方式，像是《英雄聯盟》《鬥陣特攻》《絕地求生（Battlegrounds）》等。

在各種遊戲方式中，韓國人尤其喜歡MMORPG。我認為這個現象反映了韓國人願意與他人進行各種互動的性格。韓國人能夠在多人組隊競賽的遊戲中嶄露頭角，也許正是因為有這樣的文化背景吧？

反之，日本更喜歡遊戲機和一對一的遊戲方式。這正是我們所說的「單機遊戲」，必須將遊戲光碟放進遊戲機裡，拿著搖桿玩遊戲。索尼的PS（PlayStation）、微軟的Xbox，還有前總統李明博怒喊「我們怎麼連這個都做不了」的任天堂遊戲機，都屬於這類遊戲。

如果說單機遊戲是單人（或者雙人）玩家和遊戲機互動，那麼MMORPG就能根據上線的玩家人數，進行數百甚至數千種的互動。其實ＭＭＯＲＰＧ除了固定的主線情節外，玩家自由活動的彈性也相當高。

在遊戲中，玩家不僅擁有職業，能買賣物品，還能進行詐騙、對打、結盟戰爭。遊戲中的互動有時還會延續到真實生活中，玩家可能當場相認，或是來場真實的戀愛、結婚或鬥毆。

當然，日本人不是不玩ＭＭＯＲＰＧ，只不過他們在遊戲中互動的質與量不同於韓國人。想必有讀者在搞笑網站上流傳的照片中，看過日本玩家在網路遊戲中「排隊」的模樣。日本人這種對人際關係感到困擾，遵循既定規則的行為模式，似乎也直接移植到了網路世界。

韓國人想打好遊戲的另一個原因，也是最主要的原因，就是「不想輸」。從某種方面來看，這的確是最簡單粗暴的原因。因為不想輸，所以只能做到最好。

長期研究韓國和日本的文化心理學家們認為，韓國人渴望影響他人的「主觀自我」較為強烈（第二章將有深入說明）。主觀自我較強的人，將自己視為具有社會影響力的中心人物（主體），他們企圖帶領他人、掌控他人、教導他人、管理他人的欲望相當強烈。

---

① Massively Multiplayer Online Role-Playing Game，大型多人線上角色扮演遊戲。

「贏」是個人影響力所能干涉他人的最強烈程度，而「輸」則是個人影響力最微不足道的時候。所以韓國人想贏過別人，不想輸給別人的欲望極為強烈。

然而在現實生活中，贏過別人並不是常有的事。真正的我們，反而更常是乏力軟弱的模樣。遊戲讓我們相對容易體驗這樣的「勝利」。因為在遊戲中，勝利很多時候純粹是我們個人努力的結果。

韓國國內出現的文化社會現象，許多都被冠上負面意義。這些負面意義甚至是韓國人自己提出的。韓國人之所以擅長打遊戲，或許可以解釋為「缺乏遊戲文化」，或是「由於過度競爭，已經無法單純享受遊戲」等原因。不過這些解釋會對誰有什麼樣的幫助嗎？

因為想贏，所以付出努力；因為付出努力，所以達到頂尖。這是我認為韓國人擅長打遊戲的原因。當「想贏」的心情和「自己能發光發熱的領域」相結合，韓國人或許就能在那片領域取得傲人的成就吧？

即興跟唱的韓國人VS靜靜聆聽的日本人

不知不覺間，觀眾跟唱成了韓國表演文化的象徵。我今天打算談談跟唱。其實韓國並非跟唱的鼻祖，這是孕育搖滾樂或金屬樂的西方最先興起的文化。在近來上映的電影《波希米亞狂想曲（Bohemian Rhapsody）》中，出現皇后樂團在《拯救生命（Live Aid）》演唱會[1]上的場景，其中也能看見熱情跟唱的英國觀眾。

韓國的跟唱受到全球矚目，始於一九九八年金屬製品樂團（Metallica）訪問韓國的時候。原本不抱太大期待的金屬製品樂團，對現場觀眾的熱情跟唱大受感動，這段令人難忘的回憶也促使他們接下來多次訪韓。

其中二〇〇六年演出時，觀眾不僅跟唱歌曲，就連間奏的吉他即興演奏也能跟唱，展現了令人驚嘆的絕技。自此以後，跟唱逐漸成為韓國相當具有代表性的文化。外國觀眾通常跟唱副歌或表演結束前的幾首安可曲，不過韓國的跟唱有幾點特別的地方。

---

① 一九八五年為衣索比亞大饑荒募款而在倫敦及費城舉行的演場會。

例如觀眾會跟唱吉他或爵士鼓，或是在歌手不唱歌的間奏跟唱。一些歌手在唱完一段歌曲後，甚至乾脆把麥克風交給觀眾，讓觀眾傳唱下去。如果台上是唱跳歌手，韓國觀眾會跟著跳舞；如果是搖滾歌手，觀眾也會從頭到尾跟唱。除了歌曲外，各種應景的喊叫和應援口號（例如牛奶光澤×××）等即興附和，也是韓國跟唱的特色之一。

據說在此之後，來到韓國的歌手莫不驚訝於觀眾熱情澎湃的跟唱，也大受感動，共同成就一場場盡情歡樂的演出。YouTube上有不少這種跟唱的影片，或是歌手提及跟唱的影片，有興趣可以搜尋一下。造成粉絲極大騷動的「阿姆比愛心事件」②，當然也發生在韓國的演唱會上。

當時阿姆剛結束日本大阪的演出，來到下一站韓國。在日本的演唱會上，由於日本觀眾看演唱會特別安靜的氣氛，讓阿姆興致全消，然而在韓國，粉絲竟能跟唱如此快速困難的搖滾，積極回應歌手，讓阿姆不禁比出大大的愛心表示感謝。之所以造成如此大的騷動，是因為阿姆平時絕不是會向粉絲比愛心的人。

當然有些人認為這不是愛心，而是另一個新的髒話，部分粉絲也認同這樣的說法。無論如何，韓國跟唱曾引發過的知名事件到此結束，現在起，我們來談談跟唱何以成為韓國代表性表演文化的背景吧。

韓國人的跟唱，不是只出現在國外歌手的演唱會上。在國內歌手的演唱會或大學校慶、勞軍表演、街頭表演等演出上，隨時隨地都能聽見跟唱。甚至是二〇一六年首爾光化門廣場上彈劾總統的燭光晚會，也響起了群眾跟唱的聲音。

這就是跟唱如此自然地融入我們生活當中的證據，換言之，跟唱正是韓國文化的產物。韓國文化中的傳統表演文化，可謂催生跟唱的第一要素。在韓國傳統表演中，舞台和觀眾的區分並不明確，這點與明確區分舞台和觀眾的西方或日本表演明顯不同。

在韓國的傳統表演中，演員有時會與觀眾對話，有時會直接走進觀眾席裡。而觀眾在與演員對話的過程中，也使得自己成為表演的一部分。有時甚至是觀眾先向演員搭話的。在傳統面具舞或廣場戲中，經常可以見到上述的情景，而這正是韓國長久以來的表演文化。

即使是盤索里這類由專業藝人演出的表演，觀眾也會隨時加入「嘿唷」「了不起」「沒錯」「然後呢」等即興附和，持續與演唱者和演奏者互動。我想正是這種舞台和觀眾可以互動溝通的思維，使得表演中的跟唱成為可能。

這樣的互動，應是源於韓國人對人際界線的正面態度。簡而言之，韓國人認為自己和他人之間的界線，隨時都可以彈性往來。關於這個主題，之後我會再具體說明。

催生跟唱的第二要素，是韓國的歌唱方式。有不少傳統歌曲都是採用「帶動唱」的形

---

② 指二〇一二年饒舌歌手阿姆在韓國演出時，史無前例手臂向上比出愛心的事件。

式。帶動唱的意思，就是一個人先唱前面一段歌詞，再由眾人接著唱下一段歌詞。而且這不是完全由某個人帶動唱，而是許多人輪流擔任帶動唱一段歌詞的角色。排除由專業藝人歌唱的「盤索里」或「歌曲」等表演形式外，韓國民謠當中可以看到不少這種帶動唱。

這些在田地裡一邊工作，一邊唱著玩的歌曲，便是以「唱歌等於集體行為」的形式傳承至現代韓國人的意識中。最近去KTV唱歌，也常有一個人獨唱，其餘人附和，最後變成所有人跟唱的情況，或是每個人輪流唱自己點的歌，最後時間剩下十分鐘左右的時候，再找〈馬兒快跑〉[3]這種可以合唱的歌曲來唱。

反之，日本人觀看表演的文化和韓國截然不同。YouTube上面也可以找到比較韓國和日本表演現場實況的影片。日本的表演幾乎聽不到跟唱，充其量只有歌手唱歌的時候，眾人跟著鼓掌打節拍而已。即使歌手鼓勵眾人跟唱（「Sing with me!」），觀眾的互動也不踴躍。

日本人之所以不跟唱，首要原因是對表演的態度。日本傳統表演明確區分舞台和觀眾，鮮少有演員走進觀眾裡或觀眾登台的情況。再說日本是禮節觀念非常強烈的社會，不能「迷惑」（日文めいわく的漢字）他人，也就是不能造成他人困擾。日本人認為既然來到表演場欣賞音樂人的演出，就不能妨礙他人。

有些人會問，靜靜地聽完歌曲，讓所有人都能好好欣賞歌手的音樂，這才是更成熟（？）的觀眾不是嗎？會這麼問的人，恐怕是誤會了文化和文化動機。因為文化行為不是能用「成熟」的尺度來衡量的。

日本人把表演看作是「去聽歌手的歌曲」，有「要好好聽歌，就不能妨礙他人」的強烈動機，所以不跟唱；韓國人把表演看作是「去盡情地玩」，認為「既然要盡情地玩，就要歌手和觀眾合而為一，才能玩得開心」，所以即興跟唱。

我們就站在韓國文化的立場來看吧。跟唱不僅意味著跟著唱歌手的歌曲，更意味著打破歌手和觀眾、表演和現實、你和我的界線，讓現場所有人都成為主角的新世界就此展開。

儘管表演時間只有短短兩小時，但是在那樣的空間裡，觀眾可以清楚知道自己喜愛的音樂人每一個喘息的意義，也可以和身旁一起站著跟唱的朋友交換眼神，彼此融為一體。在這裡，我們一起享樂、一起釋放壓力，並且互相共鳴、慰藉與充電。

站在歌手的立場來看，和喜愛自己音樂的粉絲融為一體的全新體驗，怎能不叫人興奮呢？表演是和粉絲交流的場合。如果想好好欣賞音樂，也許不該去演唱會，在家裡戴著耳機聽音樂會更好。

我想用早期出道的金屬製品樂團吉他手柯克・哈米特（Kirk Hammett）的一句話總結。

---

③ 韓國龐克團體 Crying Nut 於一九九八年推出的歌曲。

我們眞的很喜歡韓國粉絲。一九九八年首次訪問韓國的時候，觀眾的反應和對音樂的狂熱令人訝異。原以爲韓國粉絲也許會像日本觀眾一樣「靜靜」沉醉音樂，沒想到完全不是那樣。韓國人和我們一樣瘋，又吵又鬧，唱歌的時候活力奔放……戶外演出的時候，我因爲衣服濕透了，乾脆脫掉襯衫彈吉他。我平常很討厭吉他背帶黏在皮膚上，絕對不會脫掉上衣，但是在韓國例外。

灑狗血的韓劇VS異世界的日本動漫

日本的文化內容呈現了神奇而虛幻的面貌。不僅有宮崎駿導演那些不再需要任何修飾詞的優美作品，也有日本動漫超越過去和現在、地球和宇宙、現實和虛構的想像力，這些已經無須贅言。日本動漫產業的銷售額每年達到十兆，其中有一半銷售額都是在海外獲得，可見日本動漫的地位相當穩固。

小時候喜歡看一些追逐夢想與希望的知名漫畫，還記得自己知道這些漫畫大多數來自日本後，好一段時間深受打擊。當時（一九八〇年代）韓國的動漫或特殊拍攝的水準，仍有待改進。當然，那時韓國的《機器人跆拳V》或《雷鷹（Ureme）》確實深受歡迎，不過對於習慣收看日本影視作品的人來說，這樣的視覺效果滿足不了他們的胃口。所以長久以來許多人稱讚日本的文化潛力，並且對韓國望塵莫及感到惋惜。

我在其他地方也常說，「為什麼我們做不到？」的問題本身就是有問題的。別人做得好的事情，韓國沒必要做到一樣好。他們有達到那種成就的環境（文化），所以才表現得好。明明環境不同，有必要對不如人感到慚愧嗎？

正確的問題不應該是「為什麼我們做不到？」，而是「我們能做好什麼？」那麼，韓國文化內容的特徵是什麼？我們過去在什麼樣的環境中孕育出什麼樣的成果呢？

韓國可以和日本動畫相提並論的影視內容，就數電視劇和電影。日本當然也有電視劇和電影，韓國當然也有動畫，但是一般認為，日本的動畫和韓國的電視劇、電影最能呈現兩國的文化。

兩國人民看待現實的方式，鮮明地呈現在各種文化內容的差異上。可以說日本人希望透過動畫一窺幻想的世界，而韓國人則希望透過電視劇和電影一窺現實的世界吧？

當然，日本動畫並不是要逃避「人類的問題」，只是這個方法沒有直接干涉現實世界。大多數日本動畫透過現實中不存在的世界、不存在的人物之間的事件，「譬喻性地」喚起人們思考現實的問題。只有日本動畫能做到以宇宙或未來、虛構世界為背景，提出深刻且哲學性的問題。

但是韓國電視劇或電影直接面對現實。和日本或中國等周邊國家相比，韓國在歷史相關影視內容的製作上尤其突出。即使是日帝強佔期、六二五韓戰、朴正熙軍事政權、民主化運動、ＩＭＦ危機等令人心痛的歷史，也毫不避諱，這正是韓國的特色。

這類作品有講述日帝強佔期慰安婦與學生兵愛情的《黎明的眼睛》、描寫六二五韓戰中兄弟情的《太極旗─生死兄弟》、描繪戰後混亂時代的《野人時代》、展現國家開發時代的夢想與野心的《野望的歲月》，還有以軍事政權時代的政商勾結為背景，描寫三名男女主角的友情與愛情的《沙漏》。

韓國的文化內容有像電視劇《漢城之月》或《六個孩子》、電影《國際市場》或《愛的禮讚》一樣，聚焦變動的大時代下當代小人物的生命，也有像《第N共和國》系列影集一樣，直接實名將真實人物搬上螢幕，完整重現現代史的作品。

當然，部分作品也曾捲入爭議之中，不過韓國的文化內容時而溫和、時而激烈，有時也會以另一種角度重新省思當時的事件和相關人物的生命。

事實上，由於韓國文化內容反映了本國特殊的情況，所以較難受到全球普遍的關注，不過處理民主化運動題材的電影，例如《正義辯護人》《我只是個計程車司機》《一九八七：黎明到來的那一天》，則是受到香港等具有類似經驗的當地社會民眾熱烈的迴響。

無論主題是男女之間的愛情、朋友之間的友情、珍貴的親情，還是黑社會犯罪電影，似乎只要不是取材自真實社會，韓國人就不會輕易產生共鳴。至少韓國人演出的韓國影視作品是如此。

為什麼要跟各位說這些？其實韓國人也非常喜歡看《哈利波特》或《魔戒》系列、漫威系列等奇幻電影或超級英雄電影。甚至有這樣的說法，說好萊塢電影公司把韓國市場當成市場測試的手段。而充滿各種虛構故事的日本動畫，也在韓國市場站穩腳跟。

但是在韓國產製、消費的文化內容，卻完全不是這麼一回事。在韓國的影視內容中，怪物或鬼怪的描繪非常貼近現實。即使是幽靈、鬼怪或生活了數百年的外星人，也要擔心房租、月薪，也會愛人並和人類共處。雖然他們具有超自然的特性，但是一舉一動卻是不折不扣的人類。

無論是描寫死後世界的《與神同行》，還是非關陰陽兩界，只談夢境世界的《雙甲路邊攤》，主要內容都是反映現實世界人類的愛與矛盾。在韓國的影視內容中，神明或超自然的存在這類脫離現實的設定，反倒具有描寫現實、強調現實的意義。

在韓國，怪物也是將現實的矛盾和不合理具象化的存在。人們和怪物奮戰，進而遭遇比怪物更可怕的現實。奉俊昊導演的電影《駭人怪物》，以及網飛（Netflix）播放的劇集《屍戰朝鮮》的殭屍，都是如此。怪物雖然一死了之，催生怪物的現實情況卻依然存在，這讓觀眾感受到的不是痛快，而是百感交集。

動畫片也是如此。在號稱電影《寄生上流》原作（?）的《小恐龍多利（아기공룡 둘리）》中（儘管這樣的號稱令人啼笑皆非），就有恐龍和外星人、駝鳥等角色，不過故事卻是非常貼近現實的。還有我小時候播過的《奔跑吧！哈尼！（달려라 하니）》或《英心（영심이）》，以及《黑色膠鞋（검정고무신）》《哈囉小梅子（안녕 자두야）》等，有不少作品都是講述現實世界中無所不在的小人物的故事。

所以，一些韓國動畫片仍然需要父母的陪同收看。儘管動畫中的角色擁有五顏六色的繽紛色彩，外型可愛有趣，不過如果孩子還沒有能力承受現實，可能會在觀賞中遭受巨大的衝擊。

聽說《想飛的母雞（마당을 나온 암탉）》或生魚片店鯖魚逃跑記《啪嗒啪嗒（파닥파닥）》這類電影，都因為結局過於震撼，導致小朋友在電影院裡哭鬧不止……這是韓國影視內容呈現現實的方式。

那麼，韓國文化內容只會展現現實的一面嗎？其實韓國人想忘記現實的時候，反而選擇觀看電視劇或電影。韓國人會看什麼樣的電視劇來忘記現實呢？

我認為答案是「肥皂劇」。肥皂劇裡有現實生活中根本碰不到面的財閥第三代、法官、檢察官和醫師。他們的出生大多藏有祕密，他們和所愛的人通常是同父異母的兄妹關係。

肥皂劇在角色的設定或人物的面貌、一舉一動等，都極度脫離現實。他們有著錯綜複雜，理也理不清的關係，還有日常生活中鮮少出現的對話和互動……例如「藝娜，是善貞的女兒啊！」的台詞一出，通常對方口中的果汁就會流出來；甩人耳光的時候，把水甩到對方臉上已經是基本標配，只有甩出精心準備的整顆泡菜，才能加深觀眾的印象。

然而我們知道，現實有時有可能是更灑狗血的。當那些曾經被嘲笑是灑狗血的設定，愈加頻繁出現在公共電視的新聞頻道時，人們難道不會覺得「○○的想像真的成真了」嗎？我想正是因為這一點，才有許多人沉迷於肥皂劇的吧？

因此，我們可以說現實性正是韓國文化內容最大的特徵。當然，日本並不是沒有探討現實的電視劇或電影，尤其像《深夜食堂》《孤獨的美食家》，以及後來在韓國重新翻拍的《小森食光》等日本電視劇或電影，拍出日常生活寂靜而悠長的氛圍，這是在韓國影視內容中找不到的味道。

但是再怎麼說，直接觸碰現實似乎並非日本人熟悉的方式。是枝裕和導演揭露日本陰暗面的《無人知曉的夏日清晨》或《小偷家族》等電影，在日本並不那麼受歡迎。同樣是贏得坎城影展的殊榮，韓國國內上自總統和多位政治人物，下至各界人士，無不對《寄生上流》的獲獎一片讚揚，然而日本國內對《小偷家族》的獲獎，卻是反應冷淡，至少政治圈的反應是如此。雖然我不知道日本的政治和日常生活是否判然二分。

日本國內的反應，可以總結為這樣的想法：「日本不存在這樣的家族。」我在這樣的反應中，感受到某種極力抗拒面對真實現狀的窘迫。或許是因為無法負荷在接受事實的那一瞬間，所要承受的現實之重吧？從近來蔚為日本動畫片潮流的「異世界」題材，似乎也多少能推敲出來。

韓國人關心的是現實。這是因為孔子早已明示「子不語怪力亂神」，還是受檀君神話所展現出的熱愛世界的精神影響呢？韓國俗話說：「就算在狗屎堆裡打滾，也是這一生好。」[1]就算那裡是狗屎堆，韓國人也願在這一生（現實）中打滾、衝撞、掙扎，活出自己的人生。

① 意即好死不如賴活。

出口成髒的韓國人 VS 彬彬有禮的日本人

韓國的髒話五花八門。從最具代表性的髒話來看，有帶「狗」字的類型，有帶「屌」「屄」等性器官的類型，也有源自過去刑罰的詞彙（例如오라질、젠장할、육시랄[1]），還有跟染病（염병）、癲癇（지랄）、抓狂（미친）等生理／心理疾病相關的類型，以及帶有近親相姦等逆倫意義的詞彙（例如니미랄、제기랄、지기미[2]），可謂琳瑯滿目。

除此之外，也有跟動物相關的、跟身體殘障或殘缺相關的，甚至有結合上述詞彙的，由此可知韓國擁有且使用者各式各樣的髒話。也許是因為這樣，韓國還出現了廣泛蒐羅髒話的髒話大辭典。

反之，日本幾乎沒有髒話。看日本動畫或電視劇，頂多只能聽見笨蛋（馬鹿，ばか）或傻瓜（阿呆，あほ）的髒話。馬鹿源於「馬鹿野狼」，由漢字的馬字和鹿字結合而成。馬和鹿是髒話，很可愛吧？

日文單字「畜生」的意思相當於「野獸」，卻經常被翻譯為更難聽的韓文「不得好死」。在韓文裡，「野獸」不過是情侶之間偶爾使用的表達方式而已（「親愛的，你這個小野

獸～」）。然而「不得好死（젠장）」源於亂杖之刑，是「應受亂杖打死（제기 난장 맞을）」的縮寫。亂杖是隨意拷打犯人的刑罰，不管犯人會不會被打死。換言之，不得好死的意思是「讓你被亂杖打死」，如此嚴重的意思和野獸有極大的差異。

日本動畫片中經常聽見的傻瓜（阿呆，あほ），也只不過是笨蛋、傻子的程度。當然，日文中還有比這更多的髒話，例如「○○的傢伙」這種輕視對方的類型就不少，然而再難聽也只是「滾開」「吃大便」乃至於「去死」的程度而已，像韓國那樣具體表示「要用什麼方法搞死你」的髒話，可以說幾乎沒有。

不過畢竟我是韓國人，無論如何都會對韓國的髒話了解更深，而且外語也不夠好，沒辦法聽懂外語當中五花八門的髒話。但是至少拿韓國和日本相比，韓國的髒話更多，也更琳瑯滿目。

為什麼韓國的髒話更發達，而日本人不太罵人呢？

似乎有些人認為韓國人常說髒話，所以是壞人；日本人不說髒話，所以是好人。是的，沒錯。放在國小學童的情況來看，非常正確。和朋友要和睦相處，不說髒話，才是好孩子。

---

① 三個詞分別源自綑綁、亂杖、鞭屍之刑，皆可譯為「不得好死」。

② 三個詞皆可譯為「幹你娘」和「你他媽的」。

但是，文化不能用「好」和「壞」來論斷。因為文化是特定群體的人們為了適應大自然的環境，經過長時間所創造出來的，具有維繫和延續社會的功能。

究竟髒話的功能是什麼？髒話表面上帶有攻擊對方的意涵。從字面上來看，髒話的內容大多是對對方的輕視和嘲弄、詛咒和威脅。但是髒話字面上的意義，卻幾乎沒有實際成真。如果我們說出的髒話全都可能實現，這個世界將會充滿令人髮指的反社會犯罪。當然，韓國並沒有大量出現這類犯罪。所以髒話的實質功能應該另當別論。

髒話的實質功能其實就是宣洩負面情緒。說髒話的時候，通常是因為感到挫折或失落而氣憤難當。其中也包含了對對方的失望、背叛與厭惡。這類負面情緒對心理健康危害甚鉅。如果挫折和失落能盡快消失，對方也懂得立刻道歉，那當然是最好的，然而人際問題不可能每次都和平解決。

這種時候，如果將憤怒和委屈的心情強壓下來，會發生什麼事呢？韓國把那種情況稱為「心火病」。心火病是當事人無法宣洩憤怒，又沒有人可以傾訴的時候，內心產生的疾病。髒話有助於排泄這種負面情緒。

生氣的時候，到沒有人的地方盡情痛罵一頓，不會覺得通體舒暢嗎？不是有句話說「在沒人的地方，連國王都敢罵」嗎？在韓國，透過髒話可以宣洩平時累積的負面情緒。

第二個功能是讓罵髒話的人看起來更堅強、更具有殺傷力，可以說是一種自我炫耀的功能。這也是在兒童與成人的過渡期中建立自我主體性的青少年，某段時間經常說髒話的原因。他／她們故意出口成髒，免得其他人瞧不起自己。

當然，上了年紀還滿口髒話的人，在韓國也不會有好的名聲。這些人大多是缺乏情緒調節能力，或是想透過髒話來避免暴露自己軟弱的一面。

在韓國文化中，還有另一種使用髒話的脈絡。在較為親密的關係中，反到經常使用髒話。特別是從小一起長大的青梅竹馬，他們的對話幾乎都是髒話。要是因為這樣，就以為他們彼此是仇人，想要攻擊對方，那就大錯特錯了。

換言之，在韓國文化中，髒話也是親密關係的象徵。雖然最近很少看到，不過以前市場上常有當街飆罵的老奶奶，做生意的時候經常問候顧客的祖先。一些人會故意去這些老奶奶的店鋪消費，他們期待的是髒話背後老奶奶溫暖的情意。

髒話不只是字面上的意思，它呈現了對話雙方之間關係的深淺與親密度。總結來說，在韓國文化中，髒話是人們表現自我的方式，也是人際溝通的方法。那麼不太說髒話的日本人，又是如何排解負面情緒的呢？

相信人的韓國人 VS 相信體制的日本人

在二〇一二年OECD（經濟合作暨發展組織）進行的幸福指數研究中，有一題是「當你身處困難之中，是否有人可以讓你尋求幫助？」韓國在調查對象三十六個國家中位居第三十五名。都說「世界上沒人可以相信」，確實所言不假。

真相果真如此嗎？是的，韓國的詐騙犯罪率高居世界第一。二〇一三年全年，韓國共發生二十七萬四千零八十六件詐騙犯罪，年平均二十五萬件，代表一天就高達六十件以上。同一時期，日本只有三萬八千三百零二件。

根據二〇一八年三月統計廳發表的《二〇一七韓國社會指標》，二〇一七年韓國民眾對家人、鄰居、朋友等普通人的信任度，在滿分四分中獲得二・七分，分數不算太高。如果滿分是四分的話，還不難猜出一分是完全不相信、兩分是不相信、三分是相信、四分是完全相信，但是二・七分的話，相當於是猶豫要不要相信的程度了。

韓國人對公部門的信任度更讓人大開眼界。醫療機構分數較高，為二・六分，其次為教育界、金融機構的二・五分。對檢察體系與大企業的信任分數為二・二分，水準偏低。對政府部門的信任度雖然比去年增加了〇・三分，提高至二・三分，不過國會只有一・八分，敬陪末座。出現低於兩分的分數，代表完全不信任該機構的意思。

政治思想家法蘭西斯・福山在其著作《信任：社會德性與經濟繁榮》[1]中主張：「一個社會的信任水準決定其國家競爭力。」原來如此，所以我們還不是「已開發國家」。

但是非常奇怪，韓國人不是最重「情」的嗎？這樣用「情」把彼此關係緊密連結在一起，每天把「我們才不是外人」掛在嘴上的韓國人，為什麼會耗費心思在欺騙彼此？為什麼困難的時候沒有一個人可以幫忙？

就從目前引用的調查結果來看，韓國人似乎是世界上最不能相信的族群，人們生活在幾乎無法信任的社會體制中，任由那些忙著四處詐騙的人虎視眈眈尋找吃掉他人的機會。各領域專家和媒體，也都在「韓國是低信任社會」的前提下展開各種討論。

但是呢，比較各國統計數據的資料庫網站NUMBEO，曾於二〇一八年針對一百二十個國家進行調查，在海外旅客票選出的世界最安全國家中，韓國榜上有名。儘管在二〇一九年的調查中，韓國排名稍微退步，不過許多來過韓國的外國人都說，韓國就算逛到深夜也很安全。

---

① 立緒二〇一四年出版。

韓國沒有歐洲旅遊景點常見的扒手，即使把包包、筆電放在咖啡館或餐廳裡，也沒有人會拿走。遺落在地鐵內的物品，到失物招領中心大多能找回來。

在韓國，就算發生斷電甚至是大規模示威，也不會有城市遭到破壞或商店被洗劫一空的情形。然而在信任水準高於韓國的部分國家，類似情形並不常見。我們認為理所當然的韓國良好治安和這種文化，難道和信任水準毫不相干嗎？

先從重點談起。信任有兩種層次，分別為私領域的信任和公領域的信任。對其他人的一般信任水準，和對該社會機構及體制的信任水準並不相同。

站在長期研究韓國人心理的研究者立場，我認為韓國人的一般信任水準較高，而對機構及體制的信任水準偏低。只要回想歷史上韓國國家體制對韓國人民所做的一切，自然就能理解韓國人對公領域的信任水準為何偏低。

從韓國人記憶所及的舊韓末開始，到最近的事件，韓國國家體制幾乎可以用「失控」來概括。經歷亡國與殖民地、內戰與獨裁的韓國人，對體制缺乏信任也是理所當然的。即便如此，整個社會能夠維持並且發展到如今的盛況，我想也許是因為韓國人對私領域的信任。

韓國人基本上都生活在「將心比心」的前提下，所以相當重情，容易和他人打成一片，不過也因此產生許多誤會，難過的事情也不少。

我認為這種信任體系，正是把筆電放在咖啡館，離開座位後也沒有人會拿走的原因，同時也是詐騙犯罪橫行的原因。人們心想：「那個人應該不會拿走我的東西吧？」於是安心地把物品放在原位；詐騙犯則是利用人們「那個人應該不會騙我吧？」的心理，反向利用他人的信任。

日本又是如何的呢？前面提到的《信任：社會德性與經濟繁榮》作者法蘭西斯・福山，將韓國歸類為具有代表性的低信任社會，而把日本和美國、德國等國家歸類為高信任社會。不過最近出現了新的研究結果，讓我們開始重新思考這樣的分類。

社會學家佐藤嘉倫在一份比較韓國、美國與日本的研究中，指出韓國人的一般信任水準為百分之五十三，遠超出美國（百分之三十四）和日本（百分之二十）。東京大學心理學教授針原素子曾在二〇一〇年比較首爾、紐約和東京地鐵內乘客之間的互動。

在每一百個區間的互動頻率中，首爾有四十五・四次，紐約有二十六・二次，東京有六・六次。這些互動包含了與他人對話或讓位等行為。針原教授表示，韓國人的人際網絡規模要比美國或日本來得大。換言之，韓國人更積極建立人際關係，與他人沒有隔閡。

社會心理學家山岸俊男直言，日本並非高信任社會。他說日本是「可以放心的社會」，而不是「高信任的社會」。根據其主張，信任是在具有不確定性的情況下，依然相信或期待對方不會造成自己的損失。如果對他人抱有這樣的信任和期待，日本人的一般信任水準或人際關係規模，就不會如此低落。

我不是要告訴各位：「其實韓國是高信任社會，日本是低信任社會喔。」信任分為一般信任和對公領域的信任，這兩者必須在不同的層次下理解。信任的層次必須有所區分。

韓國社會對公領域的低信任度，仍是亟待改善的問題。不過在一般領域的高信任水準，也是韓國文化的重要特徵，更是我們在解決各種社會問題時，能發揮關鍵作用的資產，這點千萬不能忽視。

同樣地，日本高度信任的對象是社會體制和公領域。不過對於他人的信任水準較低，也是日本文化的重要特徵。想要徹底了解日本，就必須對這兩個層面有所認識，這正是我再三強調的重點。

反日的原因VS嫌韓的原因

韓國和日本的關係並不好，甚至被形容為「最近也是最遠的兩國」。韓國人討厭日本的原因，和兩國的歷史有著密切的關聯。自三國時代①到壬辰倭亂②，韓國不斷受到倭寇的侵擾，最後甚至被奪去了國家③。

所以時至今日，如果有韓國對上日本的體育賽事，經常可以看見韓國人鬥志高昂，高呼連猜拳也不可以輸給日本。其實在世界史上，和鄰近國家關係緊張是常有的事。英國和法國、德國和波蘭等國家，也有長期僵持不下的歷史問題，所以一旦在足球等體育賽事中對上彼此，就會出現宛如韓日足球戰的氛圍。

---

① 指朝鮮半島上高句麗、百濟、新羅三國鼎立的時期，相當於西元前一世紀至七世紀。

② 指一五九二年至一五九八年間，由豐臣秀吉發動的兩場入侵朝鮮戰爭，中文一般稱為萬曆朝鮮之役，日文稱為文錄慶長之役。

③ 指日本於一九一〇至一九四五年間將韓國納入殖民地的歷史。

不過，韓國的反日情緒不能單純理解為兩個相鄰國家長久以來不和的關係。因為親身經歷過日帝強佔期的強制徵兵受害者、慰安婦老奶奶等人依然健在，再加上日帝強佔期直接造成韓國「不幸的現代史」，例如六二五韓戰和南北韓分裂等，這些事件至今仍影響著韓國。

而且更大的問題在於，日本從不承認過去的錯誤，依然在歷史、領土、產業等各個方面持續挑起爭端。不僅扭曲日帝強佔期強制徵兵或強制動員慰安婦等歷史事實，主張韓國固有領土「獨島」為日本領土，最近甚至祭出貿易制裁（？），對韓國已經佔據優勢的造船、半導體等產業，不斷採取不合理的措施。

雖然日本人經常抱怨，為什麼韓國要一直拿已經結束的問題來吵？而且明明已經道歉了，為什麼還不斷要求道歉？但是扭曲歷史永遠不會是過去的問題，再說每到內閣輪替，之前道歉的內容就會被瞬間推翻。從韓國人的立場來看，當然會懷疑那種道歉的真實性。

可是，日本為什麼討厭韓國呢？面對韓國挑起過去的歷史或領土等問題時，日本政府總是一副「他們跟小孩子一樣耍賴」「他們在意氣用事」。如果從日本的文化背景來看，這種說法是非常貶低對方的反應。

在日本文化中，耍賴或表露個人情緒被認為是孩子氣的行為。當孩子有這樣的表現時，必然會受到父母嚴厲的訓斥或周遭指責的目光。換言之，日本把韓國看作是「孩子」。

對兩國之間相當敏感的歷史或領土等問題一知半解的日本人，聽到韓國人的抗議，自然會認為又是韓國那邊的問題。「天啊，明明是國家之間的問題，他們竟然跟小孩子一樣耍賴！」

日本人將韓國視為愛耍賴的小朋友，這種想法可以追溯到近代以前。以下是日本近代化之父，同時也是慶應大學創辦人的福澤諭吉對朝鮮的看法。他的肖像還被放在一萬日圓紙鈔上。

朝鮮是亞洲的一個野蠻小國，其文明狀態遠遠落後我們日本。和這個國家往來，我們得不到任何好處。

朝鮮人頑固無知，絲毫不亞於南洋未開化的人。朝鮮上下皆不知文明爲何物，雖然有學者，也只知中國文字，不知道世界局勢。如果要評論那個國家，我會說那是識字的野蠻國家。

朝鮮人固執又不肯承認、不守約定、狹隘、不明事理，只會消耗糧食，身上有臭味，就像骯髒的寄生蟲。

福澤諭吉認為，日本如果想要完成現代化，成為超強大國，就必須脫離朝鮮、中國等國家所在的未開化的亞洲，走上和歐洲相同的道路才行。上述引文出現在其著作《脫亞論》

中。福澤諭吉的這種想法，明確反映出在帝國主義的時代下，將非西方地區視為未開化的社會，將歐洲視為人類文明巔峰的社會進化論態度。

日本以福澤諭吉所提出的理論為依據，積極接受西方文物，成功實現工業化，並且像當時的歐洲一樣走上帝國主義的道路。而日本帝國主義所瞄準的對象，正是朝鮮與其他亞洲國家。

在這個過程中，出現了將日本和其他亞洲國家分別看待的態度。換言之，所有國家都應當「各得其所」。以下內容引用自露絲・潘乃德（Ruth Benedict）的《菊與刀》④。

◆三國同盟（一九四〇年，德國、義大利、日本）的序言

大日本帝國政府、德意志政府和義大利政府認爲萬邦各得其所是持久和平的先決條件……惟萬邦各得其所，兆民悉安其業，此曠古大業，前途尚遠。（頁46～47）

◆襲擊珍珠港當天日本的聲明（一九四一年）

萬邦各得其所乃日本帝國不可改動之國策……維持現狀同萬邦各得其所之帝國根本國策完全背道而馳，帝國政府斷然不能容忍。（頁47）

◆日本陸軍省中佐的發言（一九四二年）

日本是他們的長兄，他們是日本的弟弟。這個事實一定要讓佔領區的居民徹底明白。要是太過體貼，他們就可能產生利用日本仁慈的時間，進而危害到日本的統治。（頁57）

對日本而言，世界各國「各得其所」意味著日本是兄長，而其他國家是小弟。（對他們而言）兄長照顧小弟，小弟跟隨兄長，這是多麼美好的世界啊！

另一方面，兄長和小弟也意味著強者和弱者。強者可以對弱者恣意妄為，而弱者沒有權利拒絕強者，這也是日本人對強者和弱者的認知。弱者所遭遇的處境，都是因為他們不夠強大，強者沒有義務對此感到遺憾或道歉。

日本人厭惡韓國的原因也在於此。這個小老弟不但傲慢，敢和兄長平起平坐，弱者還敢向強者索要道歉和賠償，這是完全無法接受的。韓國近年來有目共睹的成長，也與此脫不了關係。

韓國如今的地位，和福澤諭吉的時代已不可同日而語。韓國是軍事實力排名世界第七的軍事強國，也進入ＩＭＦ（國際貨幣基金組織）發表的世界十大已開發國家中，所以絕對不是

---

④遠足文化二〇一八年出版。

日本能夠等閒視之的國家。

雖然韓國人均GDP在一九六五年和日本足足相差了九倍，然而以二〇一八年來看，韓國已達到三萬一千三百六十二美元，日本是三萬九千二百八十六美元，差距大幅縮小。二〇二〇年三月，OECD發表「購買力平價」（Purchasing-Power Parity，PPP），韓國以四萬一千零一美元超過日本的四萬八百二十七美元。

再加上韓流等逐漸擴大的文化影響力，正威脅著傳統文化大國日本的地位；而近來南北韓攜手合作的氣氛，也使日本警覺自身在東亞地區的優勢將難以延續。日本是唯一反對南北韓終戰宣言的國家。

反觀日本的情況。日本在泡沫經濟崩潰後，經歷了喪失經濟活力的所謂「失落的三十年」，再加上二〇一一年發生的東日本大地震和福島核電廠事故的後遺症，日本至今仍未能迎來轉機。

當然，日本依然是世界第三大經濟體，在許多領域依然發揮著極大的影響力。但是日本近來一連串打擊韓國的行為，例如將韓國從WTO出口白名單移除、貿易制裁等，早已反映出日本不知道自身優勢還能維持多久的不安。

東京工業大學中島岳志教授（近代日本政治思想家）在接受《朝日新聞》的採訪中表示，韓國人以經濟成長帶動國家力量，與此同時，日本在全球的地位相對下降，這正是近來日本國內反韓論調高漲的主因。

他說：「韓國的態度也轉變為『對日本有話就說』。部分日本人在喪失自信的同時，對鄰居韓國強化自我主張的態度頗為不滿。保守派的嫌韓情緒特別強烈，其中壯年階層更是如此。」

事實上，從最近《朝日新聞》的民意調查結果來看，老年人的嫌韓情緒比年輕世代更為強烈。中島教授解釋：「可以理解過去瞧不起韓國的中、老年世代多少會有這種情緒，這個世代沒有跟上時代的變化。這正是當今日本民族主義的面貌。」日本人過去形塑出的對韓國的態度，如今還想延續下來，這種心態正是嫌韓現象的主因。

其實在目前日本年輕世代的認知中，韓國的形象並不差。熱愛韓流的年輕人不少，來韓國旅遊的日本人也正持續增加。但是在日本的主要書店裡，依然設有嫌韓書籍專區，大城市的街道上仍在舉行反韓示威。

當然，其中不乏日本人挺身反對嫌韓示威，部分地方政府也努力推動《仇恨言論對策法》的立法，但是對韓國採取強硬態度的安倍政權，支持率依然居高不下，而媒體也不斷報導詆毀韓國的新聞，貶低韓國的節目仍繼續播出。由此看來，嫌韓情緒似乎不僅限於中老年世代。

韓國的愛國毒藥VS日本的愛國毒藥

我們正活在愛國毒藥的年代。韓國的「愛國毒藥（국뽕）」一詞，是由國家（국）加上Philopon（毒品的一種，俗稱冰毒）的pon（뽕）所組成，指的是對自己國家所擁有的自豪感。最近在YouTube或電視廣播中，有不少自我陶醉在愛國毒藥中的影音內容。

其實從近來韓國在國際社會上的地位來看，這也並非毫無根據。因為從經濟、軍事等外在表現開始，到廣泛影響世界的K-POP、韓劇、韓國電影等韓國文化、打倒腐敗政權的民主主義、打出K防疫品牌的疫情應對措施等，種種成就都讓韓國人倍感自豪。

不只是韓國人這麼認為。哈拉瑞（Yuval Noah Harari）、邁可・桑德爾（Michael Sandel）、比爾・蓋茲等世界知名學者和名人，也都在各種媒體上稱讚韓國。至於在音樂、電影等大眾文化上對韓國的談論，已經到了滿街都是，無法一一細究的程度了。

如此看來，韓國的自豪不只是YouTuber或電視廣播的片面宣傳而已，在普遍韓國人的意識中，對本國的自信也確實在持續增加。在今年四月韓國民調公司Hankook Research所做的調查中，有百分之八十的人回答「身為韓國人很自豪」，百分之七十六的人回答「住在韓國很滿意」，百分之七十一的人回答「再投胎一次也要生在韓國」。不久前還在流行的「地獄朝鮮」一詞，忽然消失得無影無蹤。

另一方面，說到愛國毒藥，絕對少不了日本。日本很早以前就有「日本深受全球喜愛」的說法，其強烈的自我意識舉世聞名。日本是亞洲最早完成工業革命和現代化的國家，其貿易與交流早已對全球的文化與藝術帶來影響。順道一提，傳統表演藝術「歌舞伎」的舞台道具影響了歌劇（Opera），而包裝陶瓷所用的浮世繪，也影響了印象派美術。還不只這樣呢。

日本從第二次世界大戰的戰敗中東山再起，到了一九八〇年代，已經成長為威脅美國的經濟大國，並躍升為汽車、電子、先進材料工業等傳統產業強國。日本對大眾文化的影響尤為巨大。就拿韓國來說，沒有人小時候不是看日本漫畫長大的；擄獲世界各地讀者目光的變形金剛、怪獸、武士、忍者等主要文化內容，都源自日本。

除此之外，保存良好的傳統文物和整潔、有秩序的街道、治安等，都是日本人足以感到自豪的原因。

但是近來日本的愛國毒藥現象，在文化心理學家眼中是不可忽視的重要變化。儘管日本還堅守著世界第三大經濟大國和強國的地位，然而近來日本出現的愛國毒藥，似乎有些失控了。

以下是日本最近出版的愛國毒藥書籍。

◆你去英國、日本、法國、美國住看看，我最喜歡的還是日本。
◆我住過歐洲，但是日本九比一大勝
◆受全球尊敬的日本
◆天皇所在的日本，全球羨慕
◆「我想當日本人！」在歐洲二十七國遇見的日本人
◆日本為什麼受全球敬重？
◆伊斯蘭人為什麼崇拜日本人？
◆「感謝日本人為我們而戰！」亞洲一致好評的日本
◆住在日本的英國人不回英國的眞正原因
◆日本人為什麼受到亞洲國家的喜愛？

事實上，由於日本長久以來都是全球的霸主，不難理解他們對全球地位的自豪。但是對其他國家的認識嚴重不足，導致他們對日本四季分明、擁有乾淨的飲用水、車門可以自動關閉的計程車感到自豪，甚至像上面列出的書名一樣，完全欠缺自我客觀化，只有各種自我吹捧的現象，確實是有問題的。

當然，這種認知不能代表所有日本人的想法。由於愛國毒藥逐漸失控，日本人之間也出現了反省的聲音。但是近來日本愛國毒藥的類型，正出現明顯的改變。在從未有人懷疑日本佔據壓倒性優勢的一九八〇到一九九〇年代，這種現象還不明顯。

愛國毒藥的心理，首先和自尊心的需求畫上等號。人們總會認為自己比其他人來得優秀，所以難免會有某種程度的扭曲現實。不過如果程度不嚴重，這種想法對心理健康有相當大的幫助。

自尊心的需求也出現在人們所屬的團體，這正是所謂的「團體自尊（group self-esteem）」。因為人類是社交性的生物，出現這種自尊是極為自然的現象。希臘的歷史從希羅多德時代開始，就認為自己國家比其他國家更加優秀。

但是從現階段來看，韓日兩國的愛國毒藥有著不同的脈絡。換言之，兩國鼓吹愛國毒藥的動機並不相同。如果說韓國的愛國毒藥是想提升長期處於低谷的團體自尊，逐漸培養自豪感，那麼日本的愛國毒藥則是充滿危機感。他們迫切地想要宣揚，日本一定要是適合居住的國家。

確實，日本依然是世界第三大經濟大國，也是實力強大的國家。但是日本的影響力正呈現下降的趨勢。日本的榮耀在一九九〇年代達到巔峰，然而隨著「泡沫經濟」的崩潰，日本進入所謂「失落的三十年」，而原本居於優勢的傳統汽車、電子產業，也正走向衰退。

再加上二〇一一年發生東日本大地震，造成天文數字的損失，福島核電站的修復依然遙遙無期。所以，日本發行國債以填補財政上的缺口。二〇一九年日本國債比率占GDP的百分之二百五十，居世界首位（韓國百分之三十七，世界第一百三十四名）。許多專家警告，這種方式不知道還能堅持到什麼時候。

更令人不安的是自然環境。眾所周知，日本是位於太平洋火環帶上的國家，四大板塊在此相互擠壓。至今各地仍有八十多個活火山，而週期約為一百年到一百五十年的百年大地震，早已超過了預期的時間。

地震自古以來就是日本人最恐懼的因素。地震發生時，不只會有地面晃動或龜裂的情況，還有之後伴隨而來的海嘯和火災等二次災害，可能將過去建設的成果破壞殆盡。日本人為了應對這些自然災害，付出相當多的努力，才達到了今日的成果，然而這段期間創造得越多，不安也只會更大。

如今的日本，真的有能力應對可預期的災難嗎？過去被韓國認為是「防範於未然的國家」「遵守指導原則的國家」的日本，近來面對一連串災難的應對態度，令人感到陌生。當然，這讓我們知道人類在大自然絕對的力量面前，是多麼渺小脆弱的存在，但是在災難之後的復原或善後過程中，日本政府表現出的卸責態度和猶豫不決，令各界震驚，其中最受衝擊的正是日本人自己。

日本人至今仍處於地震後遺症中，加上每年持續有颱風災害，復原工作停滯不前，最近還爆發新冠肺炎疫情。任誰看來，日本政府的應對都沒有做到好。

即便如此，日本人依舊認為日本是最棒的國家，所有人都想住在日本……如此反覆強調，似乎是為了安撫最近日益擴大的不安。因為日本必須是最適合居住的國家，必須是所有人喜愛的國家，這樣他們才能緩解心中的不安。

溺愛子女的韓國父母 VS 一板一眼的日本父母

這是我之前去日本親眼目睹的事情。雖然我不常去日本，也不曾在日本久住，但是這件事我至今依然印象深刻。在我從東京搭地鐵去某個地方的路上，一位推著嬰兒車的媽媽在某一站上了地鐵。

我當時沒有太在意，心裡正想著其他事情，然而不久之後便傳出嬰兒的哭聲。沒想到車廂裡的所有人，不約而同將視線集中在嬰兒車和媽媽身上。這位媽媽顯得非常焦慮，連連向其他人說「斯咪媽線」，到下一站立刻下車。

明明距離目的地還要搭一段路，卻因為人們施加在自己身上的無聲壓力，只能匆忙下車。當時我無法理解這位媽媽的行為，為什麼孩子哭就要下車？

幾年後，我帶著四個月大的孩子，和妻子搭國內的地鐵一同前去某個地方。接著發生了在韓國司空見慣的事。沒過幾站，孩子開始哭了起來。是的，孩子會哭是正常的。所以我和妻子壓根沒有想到要下車，只是一直在安撫孩子。

隨後發生了一連串有趣的事。周圍的人瞄了我們一眼，接著坐在旁邊的大叔開始擠眉弄眼，想哄孩子笑；站在前面的女學生用手機播小企鵝Pororo，拿到孩子面前；而坐在位子上的歐巴桑卻責備孩子：「怎麼一直哭呀？媽媽很辛苦吔。」當然是半開玩笑的。

那一瞬間，我的腦海裡浮現了幾年前在日本地鐵內的回憶。那位日本媽媽為什麼非下車不可呢？

日本人一般認為幼兒搭乘大眾交通工具是擾民的行為，「推著嬰兒車上車」在日本民營鐵道協會公布的地鐵擾民行為中排名第七。名次比亂扔垃圾或酒駕搭車更前面。

日本國土交通省二〇一三年的調查結果顯示，有百分之四十二的乘客認為在車廂擁擠時，如果有乘客未將嬰兒車摺疊好就上車，心裡會感到憤怒（韓國為百分之八）。反之，在「推嬰兒車上下車時，旁人是否會讓路」的選項，只有百分之十三的人表示贊同（韓國為百分之五十三）。

心理學家北折充隆對此分析，日本人認為和嬰兒車一起搭大眾交通工具，是「侵害他人私領域」的行為。雖然我知道「私領域」對日本人而言相當重要，但是沒想到是這種程度。對於涉世未深，還不了解社會規範為何物的幼兒，以及帶他們出門的大人，竟然都用同一套標準。要是在韓國，絕對不會發生類似的事。

首先，韓國人對於擾民的概念和日本大不相同。不僅沒有人會對帶小孩搭地鐵有所批評，韓國也經常可以看到和旁人聊天或講電話的景象。

只有特定宗教的傳教行為或酒醉的人大聲高歌等行為，才會被認為是擾民。就算地鐵內有商販叫賣或乞討，只要情況不嚴重，也通常會予以體諒，認為他們「生活困難才那樣」。

但是我心裡還是有疑問，我依然忘不了那位日本媽媽焦急的表情。她為什麼會那樣焦慮呢？

從日本人對待孩子媽媽的態度，可以發現這個問題的原因。當孩子造成別人的困擾時，日本人總是將責備的矛頭指向媽媽。他們不能原諒媽媽放任孩子給別人添麻煩。

在日本，男女之間的傳統性別功能依然鮮明，有百分之四十的人贊成「男人在外賺錢，女人在家相夫教子」的觀念（韓國為百分之十）。韓國雖然也是相當父權的文化，不過在進入現代社會後，正以相當快的速度發生轉變，這點與日本互為對比。

所以在日本文化中，母親為了將子女培養成社會中的一分子，必須付出許多犧牲和忍讓，而日本女性也大多將這個期待內化。如果沒有盡到自己的責任，她們就會責怪自己，對周遭的人感到愧疚。

一些日本媽媽為了避免別人指責自己不會帶小孩，反而更嚴厲地教訓孩子，甚至乾脆不帶孩子出門，從根本上杜絕責備的目光。這一刻，我總算理解了那位媽媽的行為。

日本的教養態度和「壓抑情緒」的文化相結合，形成極端的現象。這種氣氛也延續到了家庭之外。文化心理學家唐澤真弓的研究指出，日本小孩不僅從幼稚園階段開始，就要學習各種必須遵守的規矩，如果達不到要求，還會受到嚴厲的責罵。日本人認為這種嚴格的教育是理所當然的，反而覺得韓國或中國的父母沒有做好子女的教育。

反之，韓國父母常說「你算哪根蔥，敢這樣打擊我家孩子的信心」，從這句話就能看出韓國的教養態度，我稱之為「提振銳氣的教養」。如果斥責那些在餐廳或澡堂等公共場所隨意奔跑的孩子，他們的父母就會立刻出現。

在韓國，人們開始對打著照顧小孩的藉口而造成他人困擾的父母感到厭惡，近來甚至出現了「媽蟲」這樣的詞彙。儘管韓國擾民的標準和日本相當不同，不過對於過度的厭惡也出現了警告的聲音。問題的關鍵在於，韓國的父母對子女太過寬容了。

許多曾經居住或正居住在韓國的外國人，都提到了韓國父母寬容的教養方式。其中最著名的一位，就數曾經擔任韓國環球芭蕾舞團（Universal Ballet）國際部主管的金琳（Lynne Louise Kim）。她在過去的一次訪談中，表示比起西方的媽媽，韓國媽媽對新生兒的哭泣反應更即時、更積極。

首先，因為韓國媽媽們認為和孩子一起睡覺是理所當然的，當然能更即時反應。即便西方教養方式早已傳入韓國，也有研究指出和孩子一起睡覺，可能會對孩子的獨立帶來不良影響，韓國媽媽當然會擔心，但還是不願意讓孩子睡在別的房間。我身邊有一些和外國男人結婚的女性友人，幾乎都因為這個問題和丈夫吵過架。

韓國媽媽和孩子一起睡覺，對孩子每一個小小的反應都會回應。孩子一哭，她們會立刻檢查尿布是不是濕了；如果不是尿布濕造成的不適，便試著讓孩子吸奶；如果孩子還是繼續哭，就會脫下孩子的衣服，檢查是不是哪裡被刺痛了。

如果孩子哭個不停，只能抱起孩子或背著孩子，哄到他們睡覺為止。韓國媽媽不會走遠，就在孩子身旁照顧到他們長大。即使孩子年紀稍大，也是如此。美國的韓國研究者布魯斯・康明斯（Bruce Cumings）在採訪韓國家庭時，曾經這麼說過。

我對韓國父母過度縱容孩子感到驚訝。看到兩個孩子像隻自由自在的小鳥，在家裡隨意跑跳，父母卻完全不生氣或懲罰他們。一到晚上，他們就緊緊抱著父母的手臂入睡。

通常韓國人對孩子的教養態度非常寬容，而且至少維持到特定階段為止。他們不僅大力稱讚孩子，也盡可能滿足孩子的要求，更少不了豐富的情緒表達和肢體接觸。如果父母較嚴厲，祖父母或親戚的介入也會達到平衡。

外國人的這種觀察有很深遠的歷史。一六五三年（朝鮮王朝孝宗四年）漂流到韓國的荷蘭人哈梅爾（Hendrik Hamel），曾記錄下韓國父母寬容的教養態度；舊韓末來到朝鮮的安敦伊主教（Marie-Nicolas-Antoine Daveluy），也對朝鮮父母溺愛子女的行為留下深刻印象。

研究精神分析理論的心理學家們認為，兒時的經驗對日後性格的養成影響至深。特別是艾瑞克森（Erik H. Erikson）、費爾貝恩（Ronald D. Fairbairn）等心理動力理論（Psychodynamic Theory）學家，都曾主張孩子各個階段和父母的互動，將會形塑其看待世界的態度。

我認為韓國和日本在教養方式上出現關鍵分歧的時期，正是艾瑞克森心理社會發展階段中名為「主動性 vs 內疚感（initiative vs guilt）」的時期。這個時期相當於四到七歲的年齡，是孩子的心理、生理能力成熟，懂得設定計畫並努力達成（主動性）的時期。

這個時期的孩子較缺乏對社會規範的認識，有時會有攻擊性強或較危險的行為，不僅可能傷害自己，也可能干擾他人的安寧。所以父母通常會祭出引發內疚感的制裁來控制孩子。

在這個時期，韓國父母（尤其是和日本相比）對子女的行為表現出相當正面的回饋（鼓勵與稱讚），而這點想必對韓國人的性格養成帶來了一定的影響。反之，日本教養方式強調社會規範，父母較少給予稱讚等正面回饋，我認為這便是塑造日本人文化性格的主因。

文化自有其優缺點。韓國的教養方式造就富有自信，願意與他人坦誠相處的人格，卻因此常有行為不受控制，造成他人困擾的狀況。日本的教養方式養出遵守規則，忠於自身責任的人，而他們卻缺乏自信，在沒有任何規範可以遵循的情況下，產生極大的不安。

在各個文化下出生、長大的人，當然會認為自己的文化是正確的，也是最好的。卸下文化心理學家的身分，單純作為一個韓國人，我還想談談韓國教養方式的一個優點。在美國政治學家奧爾福德（Fred Alford）的著作《思無邪：全球化時代韓國人的價值（Think No Evil: Korean Values in the Age of Globalization）》中，有一段對韓國某位精神科醫師的採訪。

韓國的孩子到兩、三歲爲止，幾乎將自己全然交給母親。這使得他們建立了對世界的自信，這股自信是西方人所不了解的。當然，生活是苦澀的，自信心不會維持太久。不過，它仍然讓我們懷抱著對未來的希望。

即使這股信心來得毫無道理，它依然是一種希望，是一種「我還算不錯／我很有能力，一定會成功的吧！」的自信。這樣的人不會輕易被短暫的痛苦和困難打敗，他們相信美好的日子終將到來，並且帶著這股信念活在當下。

【文化判讀的基石】

我們該如何理解文化？

在學習文化的過程中，有些問題聽到我幾乎可以倒背如流。每次提到某個文化是如此的時候，總會有人問：「其他國家的人就不會那樣嗎？一樣都是人啊。」或是「每個人都不一樣，可以那樣一概而論嗎？」正在閱讀本書的你，想必也有這樣的疑問。

「韓國和日本真的有所謂傳統的心理特徵嗎？韓國和日本的文化概念在其他國家沒有嗎？而這種特徵都會出現在所有韓國人或日本人身上嗎？我認識的韓國人或日本人就不會那樣。」人們有時候看起來一模一樣，有時候看起來天差地遠。這是理解文化時的困難。起初被問到這樣的問題時，我非常慌張，後來也覺得有些委屈，不過最近比較能從容應付了，因為我已經找到了合理的解釋。希望各位讀者也都能找到滿意的答案。

人類的行為大致可以分為三個層次，分別是一般性、相對性和個別性。一般性是指人類身而為人所表現出的行為的相似性。烙印在人類DNA上的遺傳訊息，導致人們做出這類行為。

這類行為包含任何生物都會有的吃喝拉撒睡、築巢、交配等行為，以及想要掌控權力、服從強權的社交性動物的行為。人類既是生物，也是社交性動物，所以在人類社會中，普遍能觀察到這樣的行為。

第二個層次是相對性。人類行為的普遍性，透過他們與周遭環境的互動而產生多樣性。同樣是吃飯、睡覺、蓋房子、交配，生活在海邊的人和生活在沙漠中的人、生活在樹林或極地的人，行為自然會有相對性。

這就是文化的層次。文化是人們為了適應環境而創造的有形／無形產物的集合。從住宅、生活工具、服飾等，到家族、婚姻、階級等社會制度，甚至是規範與法令、價值觀等，這些都必須從相對性的層次來理解。

人們普遍穿著衣服，但是在服飾的型態或穿著方式、意義上，不能說每個文化都相同；人們也吃食物，但是在食物的材料和烹飪方法、食用方式和意義上，每個文化各異其趣。

最後是第三個層次的個別性。把每個人分開來看，人們的行為各不相同。即使只是吃飯、穿衣，每個人的喜好不同，吃飯的方式和穿衣的風格自然不同。文化行為也是如此。

雖然農耕社會的人都種稻米，但是並不是沒有養牛的人；海洋文化下的人熟悉大海，但是並不是所有人都搭船；韓國自古崇尚孝道，但是並不是五千萬韓國人都是孝子。

透過與環境的互動，人類的物種普遍性進一步形成文化相對性，而文化相對性又遇上每個人的喜好與生物學上的普遍性，產生了數以萬計的個別性。從個別性的層次來看，想要理解每個人類個體是不可能的。

所以認定「每個人都是一樣的」或「每個人都不一樣」，並非理解人類的正確方式。在那樣的前提下，什麼都無法理解。我們真正要提出的疑問，應該是「具有普遍性的一群人，為什麼會出現差異？」或是「從不同人的行為中，為什麼能看見某種特定的模式？」

對於這樣的疑問，有一個可以提供解答的核心概念，那就是「模式（pattern）」。模式指的是文化中存在可以被分類為某種類型，並且由成員共同擁有的行為樣式，是由人類學家露絲・潘乃德所開創的概念。

露絲・潘乃德的弟子，也是文化與人格學派的另一位學者瑪格麗特・米德（Margaret Mead），在其著作《男性與女性：變化世界中的性別研究（Male and Female: A Study of the Sexes in a Changing World）》中，充分展現了這種模式的意義。總結這本書的主張，就是「男女的性是被創造的」。

在生物學上，兒童既非男性，也非女性，他們同時具有兩性的屬性。後來才藉由教育告訴孩子「每個性別都有符合該性別的行為」，使孩子們將社會要求的男性形象和女性形象內化。這個過程便是瑪格麗特・米德所說的模式化。

文化是人們為了適應特定環境所創造出來的。如果想要繼續在那樣的環境下生存，就必須將這個文化傳授給下一代。透過教育，下一代過上符合該文化所要求的共同生活方式，而這正是文化的類型。

但是每個人都有基本需求（basic needs），源於人類這個物種天生具有的生物普遍性。當接受教育的兒童本身的需求開始與教育產生作用，其性格便開始在文化內部形成。

性格是一個人與其需求、能力、教育、環境相互作用下的產物。當兒童的性格成形後，與其相應的兒童行為（child behaviors）將開始發展，例如撒嬌、鬧脾氣、耍賴、玩樂等。孩子們在滿足自我需求的過程中，發展出特定類型的行為。

在某些文化中，兒童主要閱讀的童話或故事、幻想、遊戲，反映了他們的期待、希望與挫折。所以，文化也可以看作是一種投射系統（projective system）。

這些兒童在成長過程中，逐漸具備身為社會一分子的成人的性格，而這些性格擴大到國家層級的人群體，就形成了該國的文化性格。了解成人的性格，就能預測他們的行為（adult behaviors）。

在一個文化中出現的特殊類型犯罪或自殺率、休閒娛樂等，便是很好的例子。此外，這種性格向外投射出來，也會衍生出不同的文化產物，例如對超自然存在的解釋——宗教或宗教信仰、探討精神病原因與治療的病原學（Etiology）等。

我就是從這個觀點，也就是相對性的層次切入，利用文化類型的概念，嘗試比較韓國和日本的文化。因為人類的行為雖然脫離不了普遍性的框架，不過可以由文化帶來的相對性加以分類，而且每個人雖然都是獨立存在的個體，但是文化會將人類的行為模式化。

因此，我將會多次提到兩國的社會現象、風俗、價值觀，以及電視劇、電影、動漫等文化內容，希望能藉此一窺兩國人民的內心。這些心聲過去都隱藏在文化要素下，長久以來未曾受到關注。

第 二 章

韓國人和日本人民族特性的誕生

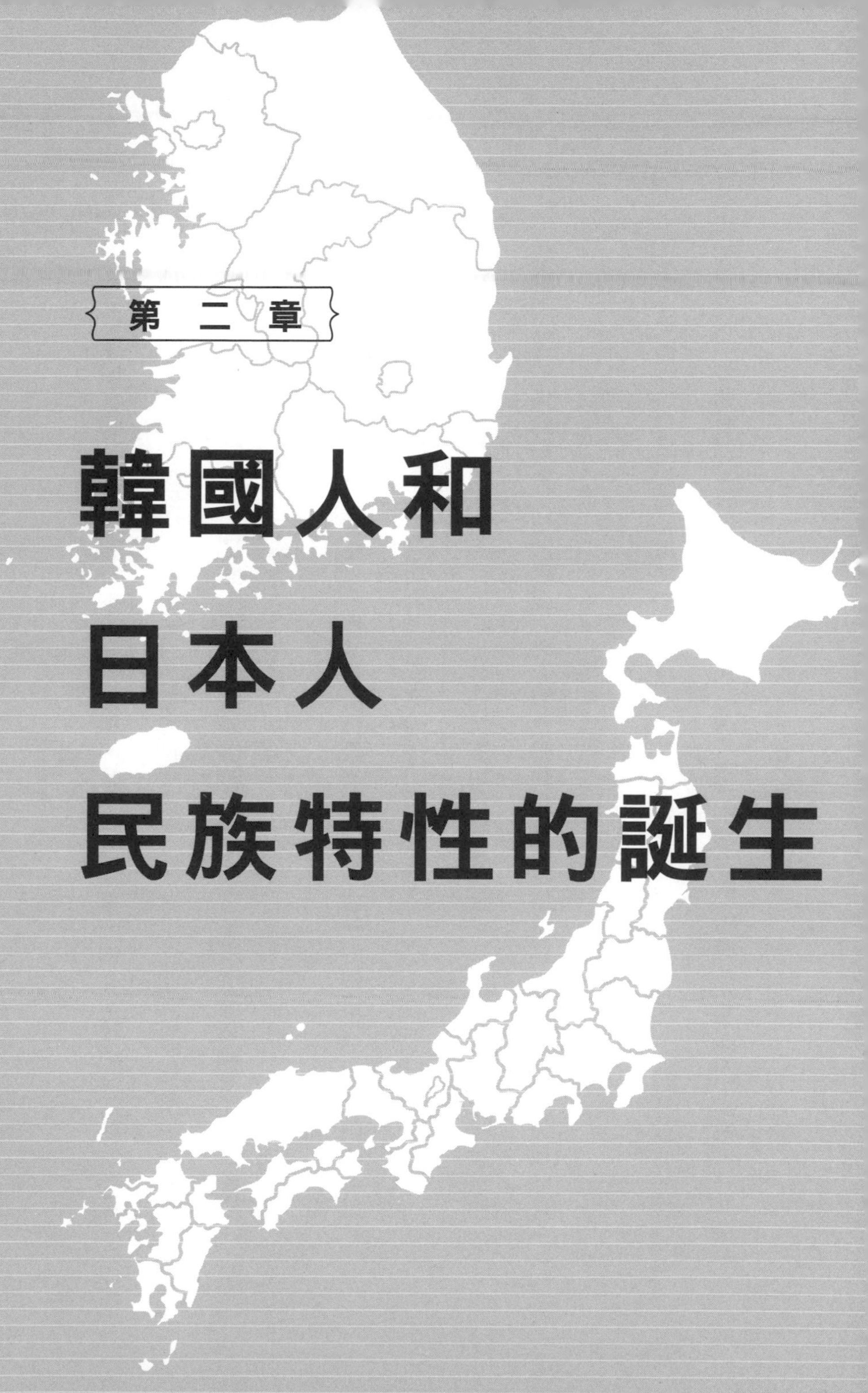

第二章集結了關於韓國人和日本人文化性格的文章。性格是一個人獨特的行為特性，造就這種性格的主因，自然是其天生的氣質和特定環境。如果說一個人擁有性格，那麼群體就擁有文化。自古以來長期生活在某個地區的人們，早已發展出適應當地生存的各種習慣和價值。這就是文化。

不同的文化造就不同的性格，就像父母的教養方式不同，孩子的性格也不盡相同。韓日兩國文化的主要特徵，很可能來自於兩國人民的文化性格。

韓國和日本這兩個國家的人民，究竟各自發展出什麼樣的性格？透過文化現象推論出的兩國人民的人際關係、情緒表達方式、文化精神病理與防衛機制，似乎與兩國人民的文化性格密切相關。

第二章將以心理學的性格理論來探討這些主題，這是我在理論上和學術上頗費苦心的地方。文中雖然有部分心理學用語，不過沒有學過心理學的讀者應該也不難跟上。

表情生動的韓國面具 VS 面無表情的日本面具

韓國人和日本人並不相同，甚至可以說天差地遠。最能感受到這種差別的，就是兩國人民的人際關係。韓國人和日本人的人際關係差異，也是許多外國人津津樂道的話題。日本人雖然彬彬有禮，但是稍微沉靜、消極，而韓國人則是相當積極，情緒表達更豐富。

韓國面具又以河回面具最具代表性，表情非常生動，甚至有臉部和下巴分開的面具，當頭往後仰時，下巴張得更大。如此一來，就能做出更誇張的表情。在韓國的假面舞中，各個角色都直率地展現自己的情緒。

反之，日本最具代表性的面具是能劇的面具——能面（のうめん）。能面的特徵是幾乎不帶喜怒哀樂的表情，能劇只能透過面具細微的角度或面具人物的動作來表現角色情緒。

我想韓國和日本的這種面具，或許最能概括兩國人民的人際關係吧。面具好比一個人的性格和特質。性格的英文是personality，源於古希臘語中的persona，指的是古希臘戲劇中演員所戴的面具。

換言之，性格就是「一個人戴著去面對他人的另一張臉」。即使從性格的心理學定義來看，將面具視為理解韓日兩國人民性格的物件，也有其合理之處。當然，不是沒有內向、文靜的韓國人，也不是沒有外向、愛玩的日本人。但是正如前面所說，文化差異並非個人差異，它必須從文化類型的差異來理解。

韓國和日本之間存在著行為類型的差異，這從第三者的立場就能一眼區分出來，而這種差異似乎源於兩國人民看待人際關係的想法。現在起，我將談談這樣的差異。

日本人的人際關係可以概括為「本音（ほんね）」和「建前（たてまえ）」。本音顧名思義是指某人的真實想法，而建前則是由「建」和「前」組成，也就是「立在前面」的意思，指在他人面前表現出的「表面」態度，和本音的意思完全相反。

日本人隨時表現出謹守禮節、彬彬有禮的樣子，盡可能不去影響他人的心情，這是建前作用的結果。日本人的建前是為了善盡社會賦予自己的責任而形成，並且持續發揮作用。反過來說，要掌握日本人的真實想法，也就是本音，是非常困難的事。即使是相處數十寒暑的夫妻，也是如此。所以透過表面行為來判斷日本人的真心，可能不是正確的理解方式。

事實上，韓國人很難理解本音和建前的概念。韓國人並不看好「表裡不一」的人，他們喜歡毫無保留地向他人表達自我想法和感受的人。

讀到這裡，或許有些讀者會搖頭。這些讀者大概不能理解「韓國人善於表達自我想法和情緒」的意思，心裡想的可能是「韓國人連自己有什麼想法和感受都不知道了，更何況還要表達給別人，那更是不可能」。

有人說：「在父權主義和威權主義的文化下，個人意見一概被抹殺，再加上填鴨式的教育殘害，韓國人根本沒辦法建立自己的想法，也沒能力表達。」這是缺乏自我客體化（self-objectification）的想法。從外國人的眼光來看，韓國人其實是非常有主見、自我表達能力強的人。

尤其在日本人看來，韓國人是可以自由說出個人想法的人，那些想法甚至會讓日本人大吃一驚。日本人怕得罪別人，絕對不敢評論他人的外貌或某個團體內部的矛盾，然而韓國卻能輕易講出這類敏感的話題。

而且我們認為自己的想法被箝制，反過來說也可能是我們有強烈的表達欲望。如果我們沒有想要表達自己的意思，又怎麼會看見那些阻礙我們表達的社會條件（例如威權主義文化或要求整齊劃一的教育）呢？換言之，韓國人有著強烈的表達欲望，在現實生活中也勇於表達自己真實的想法。

日本人隱藏自己的內心，為他人擺出另一張臉孔，而韓國人（相比之下）直率地向他人表現自己的想法和情緒，這樣的差異源於韓國和日本看待「自己和他人」的態度。

先從重點來談，「我和他人之間的界線」在韓國人身上並不明確，而日本人則是明確劃出這道線。因為自己和他人是完全獨立分開的存在，所以必須區分本音和建前。

但是韓國人不會把自己和他人劃分開來，「我心同你心，你心同我心」。想要成為朋友，就不能有「你我」之分。朋友之間如果有任何一點隱瞞，另一方肯定會感到鬱悶，「原來你沒有把我當朋友」。

韓國人只要認定彼此，開誠布公、坦露真心，就會立刻變得親近，兩人從此便能有深度的情感交流。要完成這所有步驟，在韓國只需要一個晚上的時間。然而要和日本人打成一片，並沒有想像的容易。以為幾天短暫的友情就能看見對方的本音，那可是大錯特錯。

對人際「界線」的態度，是區別韓國和日本文化的重要標準。這個態度也如實反映在兩國的傳統戲劇上。既然提到了面具，那就來談談兩國傳統戲劇中出現的「界線」吧。

韓國的假面舞等傳統戲劇，幾乎沒有舞台和觀眾之分。演員經常會向觀眾搭話，觀眾也會對演員開玩笑。甚至歌曲或舞蹈乾脆不分演員和觀眾，所有人盡情歡樂，有時還會有幾位觀眾被叫上台即興演出。

韓國傳統戲劇的特徵，在於舞台（表演場）不過是最小限度區分表演和觀眾的界線，觀眾和演員可以自由跨越界線，共同完成一場表演。當然，這場表演的基本框架已經設定好了。

但是在日本的戲劇（能劇）中，觀眾和舞台明確區分開來。能劇演員通過「橋懸」（演員走入舞台的路）走進獨立於現實之外的世界，也就是戲劇的世界；當戲劇開演後，那裡就成為了和觀眾坐著的現實完全不同的世界。像韓國面具舞那樣，觀眾走上舞台，演員走進觀眾的情形，在日本是無法想像的。

在日本的傳統戲劇中，其實也有像歌舞伎的花道（はなみち）一樣，安排演員和觀眾互動的橋段。歌舞伎的演員會在表演中沿著觀眾席中間的花道走動，有時還會向觀眾搭話。不過與其說這是打破演員和觀眾的界線，不如說是演員單方面帶動觀眾。這樣的安排是為了讓觀眾有更生動的戲劇臨場感，觀眾依然是作為觀賞者參與戲劇演出。

戲劇，尤其是傳統戲劇，反映了該國在傳統上對人際關係的認知。韓國和日本的傳統戲劇明確存在差異，透過劇中呈現出的演員和觀眾的定位，來解讀兩國人民對傳統人際關係的看法，並非牽強的論述。

日本人基本上是在明確區分你我的前提下，與他人建立人際關係。他們擔心造成對方的困擾，認為在社會規範的活動範圍內行動較為心安，這種態度便是在此一前提下形成的文化。

反之，韓國人基本上在可以自由往來自己和他人立場的前提下，經營自己的人際關係。對方即使不說話，韓國人也認為他們知道對方的想法（以心傳心），所以有時進入（干涉）對方的私領域太深，或是不顧對方的意願，多管對方的閒事，這種行為便是在此一前提下出現的。

在對人際關係感到厭煩的韓國年輕人中，似乎有不少人否定這種「多管閒事的文化」，認為不給他人添麻煩、關係明確的日本式人際關係較好，不過文化可不能這樣片面評論。

因為有關心和多管閒事，韓國人才能理所當然地接受他人情感上的支持；為了維持關係明確、謹守分際的人際關係，日本人承受著心理上的壓力，這些都是熟悉韓國文化的韓國人眼中所沒有看見的。

主觀自我的韓國人VS客觀自我的日本人

韓國人和日本人有多大的差別呢？各位讀者是怎麼想的？可能有人認為「非常不一樣」，也可能有人認為「差不多」。其實韓國和日本同屬東北亞儒家文化圈，是有許多相似之處的國家。在人種上、語言上、文化上都是如此。

心理學上用相對簡單的標準來區分世界文化，亦即個人主義vs集體主義。根據這樣的分類，韓國和日本被歸入集體主義文化。根據目前的推斷，集體主義源於東方（以中國為代表）的農耕文化。在集體工作較為常見、重視團體名譽的農耕文化圈中，個人所處的團體便成為決定個人行為的重要標準。

這種相當直觀的分類法（個人主義vs集體主義），在開始關注文化的一九九〇年代被主流心理學界所接受，並對此展開大量的研究，將日本和韓國、中國等東亞國家，視為集體主義文化的代表。這就是跨文化心理學（cross-cultural psychology）。

換言之，當時多從主流心理學（跨文化心理學）的觀點，來認定韓國和日本屬於相同的集體主義文化圈。所以在心理學上，無論是韓國人還是日本人，都已經假定他們會根據相似的原因做出相似的行為。

其實從心理學方面的跨文化研究成果來看，關於韓日差異的討論少之又少。頂多提到兩國是集體主義文化的一員，具有相似的特性而已。

但是，真的是那樣嗎？

文化心理學指出跨文化心理學的問題，在於對個人主義 vs 集體主義的區分過於簡單。如果用同一個集體主義來理解韓國和日本，就無法說明韓國和日本的差異。

我想介紹一個有關「正向錯覺（positive illusions）」的研究。正向錯覺是一種錯誤性思考，認為周遭發生的不幸不會發生在自己身上。「假設六十多歲的癌症發病率為百分之三十，那麼你認為自己活到六十歲，罹患癌症的機率有多少呢？」對於這個問題，如果答案是低於百分之三十，就可以認定為具有正向錯覺。

拿這個問題去問個人主義文化圈和集體主義文化圈的人，通常會出現不同的結果。個人主義文化圈出現正向錯覺，而集體主義文化圈並沒有出現正向錯覺。

個人主義文化圈的人正面評價自我，而且在評價自己時，集體的影響力並不重要，所以推測不好的事情發生在自己身上的機率比別人低。反之，集體主義文化圈的人認為自己沒有什麼比別人好，也認為這樣的想法不會破壞團體的和諧，所以認定不好的事情發生在自己身上的機率和別人相同。

根據跨文化心理學的假設，處於同一個集體主義文化圈的韓國和日本，不應該出現正向錯覺才對。然而韓國和日本出現了不同的結果。韓國人具有正向錯覺（滿分二十分，獲得八・六一分），而日本人幾乎沒有正向錯覺（滿分二十分，獲得〇・一三分）。

雖然從區區幾次的研究結果來下結論，還言之甚早，但是我想說的是，韓國人和日本人之間確實存在某種差異。那個差異是什麼呢？是什麼原因讓韓國人出現正向錯覺？

與韓國人結婚，並且在韓國生活超過二十年的文化心理學家犬宮義行博士，從韓國人和日本人的「自我建構（self-construal）」中找到了答案。自我建構是指一個人從什麼觀點看待、定義自己（self）的概念，特別是指在人際關係中對自己的定位。

在跨文化心理學中，將個人主義文化的自我建構稱為「獨立自我（independent self）」，將集體主義文化的自我建構稱為「相依自我（interdependent self）」。這是美國心理學家馬庫斯（Hazel Markus）和日本心理學家北山忍（Shinobu Kitayama）根據個人主義vs集體主義文化建立的概念。

獨立自我認為「其他人和自己是獨立存在的個體」，他們通常優先考量並追求自己的目標和志向，無關他人的影響力；而相依自我認為「我和其他人是相依互助的關係」，個人的行為必須優先考量他們的存在、心情和想法，才能表現出來。

因此我們可以推測，過度正面看待自己的態度（正向錯覺），可能出現在具有獨立自我

（個人主義下的自我建構）的人身上，然而具有相依自我（集體主義下的自我建構）的人並不容易出現。如果韓國人和日本人都擁有相依自我，那麼兩國人都不應該出現正向錯覺。

韓國人出現正向錯覺，意味著韓國人的自我建構具有其他特徵，是無法單純用相依自我來說明的。犬宮博士將韓國人的這種自我建構特徵命名為「主觀自我」。「主觀自我」是指「試圖帶給他人影響的自我」。

日本人的自我建構稱為「客觀自我」，和韓國人的主觀自我互為對比，是指「試圖接受他人影響的自我」。根據「在他人和自我之間作用的影響力的方向」，可以區分出主觀自我和客觀自我。

韓國人和日本人的行為會隨著自我建構，也就是如何定位自己的想法而改變，而主觀自我vs客觀自我理論便是據此建構的理論。在這種差異下，人們的行為方式發生改變，最終文化的模樣也會隨之改變。

主觀自我較強的人，將自己看作是可以影響他人，也想影響他人的人。他們認為自己比其他人更有能力、更了不起，喜歡對別人指手畫腳。

客觀自我較顯著的人，將自己看作是必須接受他人影響的人。他們不善於表露自己，而是盡可能按照他人的意思行動，認為自己沒有什麼比別人好的。

韓國和日本在正向錯覺上出現的差異，是否就是源自這種主觀自我和客觀自我呢？

認為自己可以影響他人的韓國人，高度肯定自己的價值、能力和未來。他們認為「就算別人有百分之三十的機率罹患癌症，我也不會得癌症。」

反之，日本人把重點放在接受他人的影響，所以經常在意自己的行為（甚至是自己的想法）會不會傷害他人的情感，或是破壞群體的和諧。他們認為「如果別人有百分之三十的機率罹患癌症，我得癌症的機率也差不多。」

基於正向錯覺的韓日比較研究，對於跨文化心理學將世界文化區分為個人主義和集體主義的假設，提出了重要的啟示。「像韓國和日本這樣，在同一個集體主義文化中出現的差異，又該如何解釋……？」對於這個問題，尤其是韓國和日本的心理差異，主觀自我vs客觀自我理論提出了非常吸引人的建議。

韓國人的人情味 VS 日本人的依賴心理

「정（情）」（以下譯為人情）是最具韓國特色的情感。想要理解韓國人的人際關係和心理素質，就必須認識這個概念。但是人情是什麼？答案眾說紛紜。這是理所當然的，因為我們在各種不同的脈絡下共享著這份人情。

究竟韓國人的人情是什麼呢？首先，人情是指親近的人之間溫暖的情感。一位著名的英語講師把人情翻譯為attachment，也就是依附的意思。雖然人情並不等於依附本身，不過也算是源於依附的情感，就當作一種解釋吧。但是從依附中產生的情感，就等於人情嗎？

其實，從長期交往的親密關係中產生的依附和愛情，不只出現在韓國人身上。在所謂個人主義文化中，也可以發現朋友之間深厚的人情（或可以視為人情的行為）。例如珍惜彼此、和對方在一起很舒服、久違的見面分外開心、原諒彼此的錯誤、可以打成一片的那種心情。如果說這些是人情的話，那麼人情真的可以說是具有「韓國特色」的嗎？

關於人情的文化脈絡相當多元。但是追究其中哪一種才是真正的人情，對於理解人情的本質毫無幫助。現在起，一起進入文章正題吧。

把人情稱為具有韓國特色的情感，原因在於人情這種情感的「方向」。如上文所述，韓國人擁有較強烈的主觀自我。換言之，韓國人將自己視為發揮社會影響力的主體。

所以，在親密關係中感受情感、表達情感的方式，也是由自身出發向對方展現的方式。這裡可以舉一個例子。我曾經問在韓國讀研究所的外國研究生：「你來到韓國，覺得什麼是最有韓國特色的？」

一個學生說她來到韓國後，向某個寄宿家庭預定住宿，然而從搬進去的第一天起，房東阿姨就不斷追問她各種問題，像是「故鄉在哪裡？」「父母在做什麼？」「有沒有兄弟姊妹？」「生日是什麼時候？」這名留學生來自中國，雖然中國被歸類於集體主義文化，不過這名學生比較個人主義，對於初次見面的人詢問個人隱私，覺得很不舒服。

就這樣住了一段時間，某天早上，這名學生走出房門吃早餐，發現餐桌上放著海帶湯和一塊小蛋糕。摸不著頭腦的她，詢問房東阿姨緣由，對方才回答：「今天是妳的生日，特別準備的。」還說了句「生日快樂」。

這名學生遠在他鄉，完全沒有預料到會有生日餐，對此大受感動，認為「這就是韓國人的人情」。請各位注意房東阿姨的行為。房東阿姨為什麼要為沒有深交的外國學生準備生日餐呢？

之所以那麼做，是因為房東阿姨的主觀判斷。她在中國留學生來到自己寄宿家庭的瞬間，已經認定自己和那名學生關係並不一般，在詢問過故鄉、姓名、年齡等問題後，覺得彼此又更親近了。她也想到中國學生父母的心情，把女兒送到異鄉求學，在生日當天連一碗熱騰騰的飯都沒辦法為女兒準備，所以才會為留學生準備生日餐。

上述的主觀性正是韓國人情的特色。這種源自於自己所認知的雙方關係，並且想要為對方做點什麼的溫暖心意，就是人情。「你不說我也知道！」這句韓國巧克力派的經典廣告詞，強調了人情的主觀性。對方沒說，怎麼會知道呢？「知道」當然是自己的主觀想法。

這種主觀性也是韓國人心理的關鍵特徵。主觀性造就了許多我們熟知的韓國現象。單從人情來看，就有許多值得一提的案例。

去鄉下奶奶家的時候，奶奶看見久違的孫子，既歡喜又開心，總會準備豐盛的食物。盛得滿滿的白飯，還有湯、煎餅、肉和菜……孫子吃到肚子鼓鼓的，奶奶還會繼續送上水果、糕點、甜品、柿餅等小吃，似乎非得把孫子的肚子撐破不可。即使揮手說自己再也吃不下了，奶奶對孫子的愛也不會停止。

這種心意就是人情。比起孫子的意見或狀態，奶奶想付出的心意更強烈。這是把自己的社會影響力，定位在付出那一方的心意。年節結束後，奶奶也許早已把剩下的煎餅和年糕、香油、水果等，滿滿塞進準備離開的孫子的背包裡了。至於孫子拿著這些東西搭大眾交通工具的尷尬或意願，奶奶管不著。

由於這種特性，人們有時會將人情誤會成是過度的干預或愛管閒事、侵犯私生活等。接受人情的人，可能會對於對方的心意感到厭煩或壓力。但是從給予人情的立場來看，不懂自己心意的對方反而更不近人情。

近來韓國在不斷改變的時代浪潮下，自古延續至今的一切都產生了不同的意義。人情的本質和人情往來的方式也出現改變。文化因應當代人類的需要而改變，越來越多人對干涉和多管閒事感到不舒服，就是一個證明。其實在此之前，人際關係的內涵早已變得不同。

但是在逐漸個人化、碎片化的現代社會人際關係中，韓國人的人情是非常重要的心理資源。近來世風日下，有時不得不懷疑對方的人情，而且越來越多時候需要多加注意、小心，不過仍希望各位在人情和理想的人際關係之間，發現更有智慧的平衡點。

「甘え」（以下譯為依賴心理）是最具日本特色的情感，翻譯為韓文可以是「依賴」或「撒嬌」。可見韓文裡也有類似的概念。人情在日文裡也有對應的詞彙，是人情（にんじょう）或體貼（思いやり）。

但是韓國人不認為依賴或撒嬌是最有韓國特色的情感，日本人也同樣不認為人情或體貼是最有日本特色的情感。為什麼會說依賴是最有日本特色的情感呢？

一九七一年，土居健郎在《日本人的心理結構》（「甘え」の構造）一書中，闡述了日本人的依賴心理。根據土居健郎的說法，依賴心理源於母親和子女的關係。孩子一切依賴母親、對母親撒嬌的心，就是依賴心理。因為這種特性，土居健郎將依賴心理定義為「被動的對象愛（passive object love）」。這點是依賴心理和韓國人的人情有所區別的地方。

前面提到人情的最大特色在於自我中心主義（egocentrism），也就是主觀性。人情是自己對於對方的情感。我們想要從對方身上感受親密感和情意，也想將自己感受到的一切回饋到對方身上，這種心理就是人情。

而依賴心理被認為是來自母親和子女的關係。母親為孩子付出一切，而孩子接受母親無條件付出的愛，從中獲得安全感與滿足。如果說日本的依賴心理是站在孩子的立場感受到的情感，那麼韓國的人情就是站在母親的立場付出的情感。

孩子接受母親無條件的愛，並且將毫無保留地為孩子付出的母親形象和自己畫上等號。這其實也是兒童自我意識發展的一個過程。如果說日本人把兒時受到母親關愛的經驗內化，那麼韓國人就是將母親的情感經驗內化。

換言之，韓國人的人情是以行為者為主體，是重視個人感受的主動關愛，也就是「主動的主體愛」。而被定義為「被動的對象愛」的依賴心理，則處於完全相反的方向。渴望付出自己主觀感受的關愛給對方的「人情」，反映出將自己視為發揮社會影響力的主體，具有主觀自我的特色；渴望接受對方給予自己的關愛的「依賴心理」，反映出將自己視為接受社會影響力的客體，具有客觀自我的特色。

接著，我們來深入了解依賴心理對於日本文化和日本人的生活，究竟具有什麼樣的意義。土居健郎認為，依賴心理已經滲透到日本人的所有人際關係和一般經驗。

他將依賴心理定義為「否定人類可能面臨的所有分離情況，試圖忘卻分離帶來的痛苦，同時當分離成為現實時，試圖隱藏隨之而來的矛盾和不安的心理狀態」。

這裡所說的分離，是指某個個體脫離以自己為中心的人際關係或自己所屬的社會。如果用心理動力理論的觀點來理解土居健郎的定義，可以說依賴心理是日本人用來應對分離焦慮的文化防衛機制和情感。

分離焦慮是孩子離開母親身邊時所出現的情感。換言之，當日本人感受到自身的不安時，會試圖尋找母親在身邊時的安全感和滿足。依賴心理就是一再忍耐、堅持，因而感到孤單、疲憊時，最後想依靠某人的心理。

然而在日本，普遍對依賴心理持否定態度。維持日本這個社會最重要的道理就是「迷惑」（めいわく），不能造成其他人的麻煩。韓國人將日文「迷惑」理解為「秩序意識」，而「迷惑」對日本人行為的影響超乎想像。

依賴心理也是如此。依賴心理是疲憊、孤單時，想要依靠他人的心理。但是似乎就連依賴心理，日本人也認為會造成他人的困擾。所以他們盡可能不表現出依賴心理，也認為那麼做是不對的。

二〇一三年，韓國播出一部名為《女王的教室》的電視劇，該劇改編自同名日本電視劇。劇中有一幕可以了解日本對依賴心理的態度。一名從小學開始就飽受升學考試折磨的學生，對老師說：「讀書好累。」老師立刻責備道：「不要撒嬌！」這裡的「撒嬌」翻譯自日文的「甘え（依賴心理）」。「這個社會用成績評斷你們，只有成績好才能成功，所以整天喊著『讀書好累』，是不懂事的舉動。」我認為這一幕忠實展現了日本人的文化認知——再怎麼年輕，情況再怎麼困難，都不能撒嬌。

日本的情侶可以連續幾天，甚至好幾個星期不聯絡，原因也是因為不必要的頻繁（？）聯繫，可能造成另一半的困擾。雖然不打擾對方的想法沒錯，但是感到疲憊、想見對方的時候，卻連電話都不敢打，這是韓國人難以理解的現象。

整理一下以上內容，對日本人而言，依賴心理確實強烈存在，卻是無法輕易表達，甚至是不能表達的心理。如果因為孤單、疲憊而表現出依賴心理，就可能被認定是「造成他人麻煩的人」「不能自立自強的人」。即便表現依賴心理的對象是家人，也是如此。這種依賴心理的兩面性，造成了日本人心中非常脆弱的部分。

越線的韓國人VS劃線的日本人

在韓國，如果有某個人在某個地方發生某件事，請問誰會像風一樣出現，解決問題後，瀟灑地轉身離開？答案是「路過的書生」。在韓國許多傳統故事中都會出現的「路過的書生」，據說就是這麼愛管別人的閒事。

雖然也有像《報恩的喜鵲》[①]裡的書生那樣，面臨生死關頭的窘境，但是韓國書生們似乎就是不能袖手旁觀。都說龍生龍，鳳生鳳，韓國人作為書生的後代，可是以愛管閒事出名。多管閒事的韓文「오지랖」是上衣的前襟，而「오지랖이 넓다（上衣前襟寬）」就是過度干涉他人事情的意思，使用相當廣泛。

韓國人在人際關係上最具代表性的特徵，自然是「多管閒事」。我們腦海中最先浮現的，就是逢年過節轟炸未婚、待業青年的親戚，不停詢問「讀書讀得怎麼樣？」「申請了哪幾間學校？」「什麼時候要結婚？」不僅如此，網路上也有不計其數的慘痛案例，都在抱怨

① 描寫一名書生進京趕考，在路上從蟒蛇口中救下喜鵲，當晚蟒蛇妻子化身美女報仇，喜鵲前來營救書生的故事。

旁人多管閒事，像是誰穿什麼衣服、和誰一起吃飯、開什麼車、年薪多少、孩子上幾間補習班等等。

但是韓國人的多管閒事不會只有負面的。傳統故事中出現的多管閒事專家「路過的書生」，就算賭上自己的性命，也要拯救眾生的生命，解決社會的問題。

有一位名叫李秀賢的韓國人，二〇〇一年在日本東京拯救一名落軌的醉漢，因而不幸喪命。為了拯救素昧平生的日本人，李秀賢擋在了疾駛而來的電車前。

雖然現在大部分的地鐵站都有月台門，不會再發生落軌事件，不過直到前不久為止，韓國還經常能看見拯救落軌者的民眾。這些民眾都有相同的回答：「我沒辦法袖手旁觀。」

他們是一群為了拯救陌生人而擋在行進電車前的人，是看見交通事故現場，立刻協助指揮交通、收拾事故殘骸的人，是教訓面貌兇惡的年輕人，要他們戒菸、戒酒的人。

他們之所以干涉別人的事情，是因為那些人「不是別人」。那些人就像自己的爸爸、媽媽，就像自己的兒子、女兒，因為擔心那些人，所以選擇多管閒事。當然，很多時候對方並不領情。

在對方不願意的情況下干涉對方，等於侵犯私生活。此外，帶著年齡或職級等位階關係介入的干涉，也可能變成甲方行徑②。不過韓國人試圖干涉他人事務的動機，可以是支撐現代人逐漸分崩離析的生活的支柱，也可以是團結社會面對共同問題的起點。

回顧ＩＭＦ危機時的獻金運動、泰安郵輪漏油事故、新冠肺炎疫情等事件，每當韓國社會面臨危機時，總能看見市民共度國難的基因閃耀著光輝。即使是最近尿素短缺，也能看見市民將自家的尿素放在消防局等地的情景。這些現象的出現，也許是因為韓國人愛管閒事，不願對別人的事情袖手旁觀吧。

那麼日本呢？先從結論說起，日本人不會干涉別人的事，甚至可以說極度忌諱干涉。日本人之所以不想管別人的閒事，首先是因為不想製造麻煩。

「迷惑」（也就是擾民）是箝制日本人行為相當重要的社會規範之一，是「安靜、乾淨、有秩序的日本」得以運作的原理。然而，「迷惑」適用的領域相當廣泛，超出韓國人的想像。

例如自己沒有盡到社會的責任時，日本人會認為那是「迷惑」。不僅如此，即使接受國家或社會提供給人民的服務，日本人也認為那是自己造成的「迷惑」。

二〇一一年三一一大地震當時，一名被救出的老奶奶對拯救自己的救難隊說：「很抱歉造成您的麻煩。」一時蔚為話題。二〇一五年，一名日本記者被伊斯蘭武裝組織ＩＳ綁架並殺害，其父母接受採訪時，也說：「很抱歉因為我的孩子造成各位的困擾。」

---

② 指仗著自己地位欺負他人，源於合約中的甲方和乙方關係。

即使自己在地震的殘骸中度過生死交關的幾天，即使最愛的子女在萬里他鄉遭到殺害，也要貶低自己，顧慮社會觀感的日本文化和日本人的精神，我對此表示讚賞，不過從另一個角度來看，保護人民的性命和財產免受危害，不正是國家存在的原因嗎？我實在無法理解那怎麼會是要道歉的事。

想要了解日本人對於「迷惑」的這種態度，必須先掌握「恩」的概念。簡單來說，對於日本人而言，「恩」是打從出生之後，由君主、天皇、國家、一般社會與其他人賦予的社會義務。

另外，日本有句話是「報恩（恩返し）」，認為受人恩惠必當回報。因為如果受人恩惠卻沒有回報，這將會造成施恩者和社會極大的困擾。所以日本人不僅要忠於自己的社會責任，對於國家或社會提供的一切，也要常懷難以回報的罪惡感。

當然，與其說是真正感到內疚，不如說這種行為模式已經形成某種文化，並且被視為一種溝通方式。換言之，在上述的案例中，如果不說「很抱歉造成您的麻煩」，日本人可能會認為那樣的舉動在文化上並不恰當。多數的情況會演變成霸凌（いじめ）。

所以日本人不管別人的閒事，有個更根本的原因。

因為自己的干涉可能是施加在某人身上的恩惠，而受人恩惠必當回報。要做到社會可接受程度的報恩，不僅是是一種負擔，然而不報恩又會造成更大的麻煩，既然如此，乾脆一開始就別做會影響他人的行為。

日本人不願接受任何人請客，哪怕只是一餐。他們徹底落實ＡＡ制（割り勘）的原因也在於此。因為如果誰請我吃飯，我下次也要請回去才可以。

這和韓國人的行為模式相當不同。雖然韓國人也有結草報恩、受人恩惠必當湧泉以報的想法，不過和日本人相比，具有高度的彈性。韓國人受人恩惠，當然會在某一天時機成熟或是有能力的時候回報，但是不是受了一個恩惠，就要回報一個恩惠，也不是在回報恩惠之前，都得過著戰戰兢兢的生活。

當然，也有部分韓國人濫用這點，敲詐那些善意給予恩惠的人。如果只把焦點放在這些人身上，也許日本式的人際關係看起來會更簡單明確，也更合理，對於不必要的事可以不插手，得到多少恩惠就回報多少。但是，如果因為是別人的事，因為我不想負責，就對周遭發生的事情袖手旁觀，這種態度恐將引發另一連串的問題。

韓國的甲方VS日本的霸凌

霸凌（いじめ）可謂是最具日本特色的弊端。日文的「いじめ」被翻譯為韓文的「排擠」「霸凌」，據說是源自江戶時代在村落共同體中進行的「村八分」。

所謂村八分，是指村民必須同心協力完成的十項任務（出生、成人、婚禮、葬禮、祭祀、火災、水災、疾病、旅行、建築工程）中，扣除火災和葬禮兩項，其餘八項不肯予以協助的意思。

由於戰爭頻繁，加上地震、海嘯等自然災害，過去日本的村落共同體需要強大的凝聚力。為了維持這種凝聚力，於是制定了嚴格的規範體系，其中村八分就是村落裡用來處罰違反村莊規範的人。

我們一般將霸凌放在校園暴力的脈絡下來看，但是「嚴懲違反群體規範的人」的霸凌，可以說是在日本社會各方面相當普遍的文化現象。

霸凌在日本文化中的意義是什麼呢？日本人藉由霸凌滿足什麼樣的需求呢？根據社會學家內藤朝雄在《霸凌的結構（いじめの構造）》的說法，霸凌的功能可以概括為「操控他人的萬能」。意思是透過任意操控他人，享受自己無所不能的感覺。

控制需求（need for control）是人類最根本的需求之一。對於自我生命的控制，是決定自己能否按照個人期待自在生活的重要因素，也是決定自尊心與幸福的重要因素。

所以，當小小孩有能力控制自己的身體時，就會想要進一步滿足控制需求。這是心理動力理論學家艾瑞克森所說的「自主 vs 羞愧懷疑（autonomy vs shame and doubt）」時期。透過佛洛伊德強調的排便訓練，孩子們滿足了自身的控制需求。

在這個時期，父母教導孩子控制排便的教育方式，將會影響孩子所經驗的控制感水準。當然，排便控制是最基本的控制行為。當兩三歲幼兒開始說「我自己來！」把家中弄得一團亂的行為，就是發展控制感的一個過程。

此時，父母的介入通常有自律或控制兩種型態。優先考量孩子需求的父母，會盡可能滿足孩子的要求，引導他們學會自我控制；而優先考量控制的父母，則是強調規範和原則，漠視孩子的需求。

孩子有過適當的控制感經驗後，將能良好調整自己的行為，但是缺乏這類經驗的孩子，很可能害怕自己擁有控制感的情況，或是執著於能體驗控制感的其他方法。因此在心理動力理論中，將強迫症性格看作是肛門期定型的性格。

正如第一章結尾所言，日本文化強調對子女進行嚴格的管教。而且不能造成別人麻煩的「迷惑」和回應社會的「義理」等社會規範，在日常生活中發揮著廣泛的影響力。

日本人的生活從保育園（托兒所）、幼稚園階段開始，所有的一切都已經標準化。例如身上背的書包種類早有規範，手帕、尿布上也有固定寫名字的地方。除了明文規定的規矩外，每個社區、學校、職場都有看不見的隱形規則。如果違反了那些規則，不會只有承受人們嚴厲的眼神那麼簡單。這些是日本人必須持續學習的課題。

總而言之，這是一個個體很難在生活中體驗控制感的文化，而且是從小開始。然而控制需求是人類最重要的需求之一，基本需求的匱乏可能導致負面的結果。

好比口渴時不喝水、犯睏時不睡覺，這些需求並不會就此消失。經過一段時間後，反而要加倍喝水或是睡上更久的時間。當需求未獲得滿足，人類的注意力必定會被匱乏的需求所吸引。

我認為日本霸凌的本質，在於追求未獲得滿足的控制需求。缺乏控制感經驗的人，通常以幾近強迫的方式整頓周遭環境或立下許多規則，並且藉由遵守規則來滿足控制感。這是我們常說的強迫症性格的類型。

而且他們看到有人不遵守這些規則，就會失去控制，產生強烈的憤怒。霸凌加害人身上經常出現受害者心理（victim mentality）和憎恨的情緒，原因就在於此。「都是你不照我的意思做，害我的世界毀了！」「是你把我的世界弄得一團糟，你是壞人！我不會放過你的。」

在霸凌者的這種心理機制下，對違反規則的人加以嚴懲，是正當合理的。他們透過處罰和懲罰，極大化自身的控制感（萬能感）。而在他們身邊的人，也都順應團體的行動，從中獲得控制感和安全感。

團體中出現霸凌行為時，成員將被迫參與霸凌，這是不成文的規定，而他們即便勉強參與其中，也必須表現出樂在其中的樣子。因為不積極迎合團體，就代表他們和受害人站在同一邊。那樣的話，他們也會成為被霸凌的對象，所以只能加入霸凌的行列。

霸凌也會影響被霸凌的一方，也就是受害人的心理結構。內藤朝雄分析，遭到霸凌的受害人活在想像的萬能之中，以為自己「再怎麼挨打，都能像鋼鐵一樣堅持下來」。換言之，受害人也透過霸凌獲得對個人生命的控制感。

誤以為自己因此變得強大的受害人，否定自己眼前悲慘的現實。因為承認了悲慘的現實，就等於否定了自己存在的理由。為了繼續維持這種偽裝的強悍（虛假的控制感），他們只能不斷否定、否認現實中悲慘的自己。

另一方面，霸凌也表現了青少年期的主要行為特徵，例如透過身體的力量（暴力）檢視自身的主體性、追求與同儕團體的一致性等。在日益提升的身體能力和社會角色之間，經歷著主體性混亂的青少年，試圖透過自己與眾不同的身體優越性建構自我形象，也透過歸屬菁英團體來確立自己的主體性。

這種現象成為日本主要的文化類型，可以解釋為日本社會中的個體正深陷主體性混亂的一連串矛盾之中，或是他們過於執著在建立主體性的需求上。這或許是因為日本文化不從控制感主體的「我」來尋找自我主體性，而是從自己必須履行的社會責任來尋找自我主體性吧。

那麼，韓國又是如何的呢？韓國當然也有集體霸凌或排擠的情況。除了嚴重的校園暴力外，也有部分軍隊內的「期數文化」①、護士之間的「燃燒文化」②等，都是和霸凌完全相同的機制下出現的現象。學校、軍隊和醫院的共通點，都在於成員不易體驗個人的控制感。

但是，我們很難將霸凌視為韓國特有的文化類型。不過如果從萬能感的極大化這點來看，有一個可以對應到日本霸凌的韓國文化現象，那就是甲方行徑。

甲方行徑（갑질）是由「갑（甲方）」和「질（行徑）」組成的詞彙，指的是雙方因社會地位造成的不平等的權力關係。原本是單純指稱合約雙方的甲方和乙方，被用於代指不平等的權力關係，其中想必存在某種韓國特色的內涵。

甲方行徑的本質是「利用自己優越的地位，強迫對方從事不當的行為」。從這個意義來看，韓國社會中幾乎所有人際關係都存在甲方行徑。甚至是對上位者的甲方行徑感到憤怒的乙方，面對比自己社會地位低的人時，竟也站在甲方的位置上做出甲方行徑，這種矛盾的情形並不少見。

甲方行徑也可以視為控制感的極大化，這是為了滿足匱乏的控制感，是具有韓國特色的病態現象。不過甲方行徑和霸凌並不相同。如果說霸凌具有「對違反團體規範的個人實施的集體懲罰」的性格，那麼甲方行徑則是「試圖展現自己社會地位的個人行為」。

甲方之所以找乙方的碴，原因在於乙方沒有給予身為甲方的自己應有的對待。與其責怪對方，不如讓對方實際感受自己優越的地位，這種想法反映了甲方行徑的心理機制。另外從表現方式來看，兩者似乎也存在著差異，霸凌是以暗地裡的方式進行，而甲方行徑則是赤裸裸表現出來。

受害人的心理狀態也不同。和順從霸凌的日本人不同，韓國人對甲方行徑相當不服。韓國人不過是因為和對方的地位有所差距，才勉強暫時服從，內心絕對不會接受甲方的態度，也不認為自己必須接受甲方的行徑。

即使是在嚴格區分身分地位的過去，老百姓也會以尖酸刻薄的諷刺和詼諧，來反抗貴族的作威作福。從這個歷史脈絡來看，現今韓國人對於甲方行徑的討論，似乎有些落伍了。

霸凌受害者「咬緊牙關忍耐下去」的心態，是將發生在自己身上的不當對待歸咎於自己，藉此試圖找回失去的控制感。從這點來看，跟韓國「한（恨）」的心理機制似乎頗為相

---

① 以入伍期數決定學長學弟的上下關係。

② 前輩以訓話或欺侮的方式教訓新進護士的文化。

似。

但是在韓國文化中，「恨」是復仇的動機，卻也能昇華為超脫物外的豪放。當然，並不是沒有人表現出否定現實或沉浸幻想的防衛機制，但是這並非韓國文化的一種類型。

關於韓國的甲方行徑，還有一點必須注意，那就是即使乙方已經嚴正抗拒，甲方依然會毫無顧忌，繼續我行我素。在此，我認為韓國人基本上都有甲方行徑的欲望。當然，並不是所有韓國人都如此蠻橫，就像不是所有日本人都會霸凌一樣。

甲方行徑是向全天下昭告自身控制能力的行為。換言之，韓國人希望告訴別人自己是非常有影響力的人，並且期待獲得認同。

那些過度高估自己，認為自己具有影響力的人，當他們處於甲方的位置時，就很有可能做出甲方行徑。反之，當他們處於乙方的立場時，只有滿腹的委屈。「我明明是高人一等的甲方，現在卻受到這樣的對待。」當這種被壓抑的欲望轉而發洩在比自己地位更低的人身上時，便是乙方對待丙方、丁方的另一種甲方行徑。

自戀型人格的韓國人VS迴避型人格的日本人

韓國和日本的教養方式不同，因而培養出不同類型的人格。人格是指一個人天生的氣質和最適合該環境的行為類型。儘管每個人天生的氣質各不相同，不過如果教養方式相近，人格某種程度就可能在可預測的範圍內完成定型。

人格類型根據不同理論和學者而有各式各樣的分類，不過本文想根據變態心理學在人格障礙上的分類展開敘述。為避免讀者誤會，我想先說明，我的意思不是說某些國家的文化性格有「障礙」。

無論在什麼樣的社會或文化下都能適應良好的人，具有以下許多共通點：積極開放的精神、善於社交、忠於社會責任、能良好調節情緒。然而適應不良的人，在他們人格當中的認知模式和行為方式，卻存在著明顯的差異。因此，我們認為這將會是有助於理解文化性格的絕佳模型。

雖然我借用人格障礙的類型來區分，不過不會只看負面的部分。希望各位明白這是一名文化心理學家眼中所看見的韓國和日本，以及他對兩國文化的負面行為類型的理解。

前言有點長了。根據我的觀察，在日本教養方式下發展出的人格類型，更接近於迴避型人格（avoidant personality）。迴避型人格是指害怕和他人見面而迴避社會，在適應上有困難的人格。

以下是對迴避型人格「障礙」的說明。（吳壽星，《精神病理學》，二〇一三）①

- 指行為謹慎、警戒心強的人；容易害羞、憂慮的人。他們害怕陌生的情況或未知的事物，為了避免困擾和不安，選擇躲在熟悉的環境中。
- 他們盡可能不去承擔社會責任，也盡可能避免私下面對面的情況。他們喜歡不必負起核心任務的工作，無法勝任要求負責和積極性的職務。
- 他們最害怕別人給自己不好的評價，不能忍受批判和各種錯誤。為了追求完美和規律，他們限縮了自己生活的範圍。
- 他們主要呈現的情感是羞恥心。內心雖然對愛情有強烈的渴望，一方面卻又擔心遭到拒絕，因此通常有慢性焦慮、不安、悲傷、挫折感、憤怒等情緒。他們對於羞辱和拒絕尤其敏感，甚至會使他們將自己隱藏起來。他們和極少數親近的人在一起時，表現出異常執著與依賴對方的傾向。
- 他們經常表現出不協調的空虛感（虛無）、雙重人格的情緒（自言自語、分裂）和情

感。由於情緒沒有向外宣洩，不斷累積，最後在內心豐富的幻想與想像世界中發洩。他們透過詩、音樂、日記等方式表達情緒/親密需求。

父母嚴格的教養態度，與在意他人評價的人格類型有直接關聯。父母是世界上最早評論子女行為的人，而孩子透過父母的反應來判斷自己的行為是否恰當，並形成對待他人的行為模式。

如果父母的反應是負面的，其他人就更不用說了。如果孩子必須時時注意自己的行為，以免造成他人的麻煩，而違反規則時，內心產生強烈的羞恥感，那麼他們就可能發展為迴避型的人格類型。

在各種文化比較研究中，大量提及日本人的低自尊心、羞恥的文化、完美主義、繭居族（引き籠もり）等現象，便是迴避型人格的典型特徵。

此外，幻想（fantasy）是迴避型人格者所使用的防衛機制，這點對於理解日本文化將有許多幫助。幻想是在自己創造出的虛幻世界中，滿足在現實生活中不被滿足的需求和欲望的一種防衛機制。

---

① 《정신병리학》，無中譯本。

透過幻想可以排解在現實生活中不恰當的、令人不適的、難以實現的愛情、攻擊性或其他衝動，所以是相當安全的辦法。日本的動漫和遊戲產業之所以蓬勃發展，原因是否就在這裡呢？文化其實就是滿足欲望的體系。

當然，迴避型人格也有優點，例如以匠人精神為代表的完美主義和安靜有序的社會氛圍。他們對於外界的評價相當敏感，自然會建立起相當高的標準，讓自己即使面對尖酸刻薄的評論，也能絲毫不為所動。此外，向內在發展的豐富想像力，也是迴避型人格的優點之一。

那麼，從教養態度可以預測韓國人什麼樣的人格類型呢？我認為「縱容式」的教養方式造就了自戀型人格（narcissistic personality）。

以下是對自戀型人格「障礙」的說明。（吳壽星，《精神病理學》，二〇一三）

- 對自己有過高的評價，具有威權意識，對他人展現剝削或傲慢的行爲。對於他人的權利、情感、需求與趣缺缺，或者無法接受。尤有甚者，即使漠視他人的權利和福利也不感到羞愧，爲了滿足自己的需求或強化自己而利用他人。
- 他們對自己的評價明顯高於其他人的想法，執著於唯我獨尊的形象，夢想著卓越和成功。他們也會誇大自己的能力，將失敗逆轉爲成功，藉此提升自己的價值，合理

化自己的感受。

- **開心的時候像個開朗的樂天主義者，但是一旦信心動搖，就會出現憤怒、羞恥、空虛感、憂鬱等情緒。**

以上描述，讓我們最先聯想到「甲方行徑」，也就是帶著威權意識，對「乙方」進行剝削的行為。雖然不是所有韓國人都會有甲方行徑，但是甲方行徑確實是韓國重要的文化現象。

當然，在高自我價值感的基礎上發展出的堅韌的自我彈性，自然是自戀型人格最大的優點。自戀的人不怕失敗和挑戰，而且比起責怪自己，他們更願意向外尋找失敗原因，持續改善自身的條件。由積極的人際關係發展出的自我表現與團隊和諧相處的文化，也是自戀型人格的另一項優點。

文化心理學家認為「自我價值感」是韓國人的人格特質，而這種自我價值感應是源於自戀。以下是心理動力理論分支的客體關係理論（Object Relations Theory）對自戀的解釋。

根據佛洛伊德的主張，自戀形成於幼兒期，幼兒在尚未有能力區分自己和客體（object）的狀態下出現的現象，便是自戀的第一階段面貌。換言之，儘管該時期獲得滿足的源頭在於外界（飢餓時母親餵奶），不過幼兒沒有能力加以區分，因此認為這個獲得滿足的需求是由自己創造的。

孩子在成長過程中經歷「適當的挫折」後，發現滿足的源頭不在於自己，而在於客體（母親），從此有了基於現實的自我認知。此時，孩子們發展出自我理想（ego ideal），用以取代失去的自戀。自我理想由理想化的標準（亦即孩子所感嘆、期待、渴望的對象）和目標、主體性所構成，換言之，自我理想就是渴望成為理想的人物，並且為此努力的內在自我。

達成理想時，自然能提高自尊心和滿意度，不過如果無法過上符合理想的生活，就可能產生羞恥心。韓國人相當敏感的「自尊心受傷」或「恨」等情感，似乎便是現實生活和理想的自我形象不一時，內心產生的羞恥心，而「被冷落時」的強烈憤怒，以及對他人評價過度敏感的特性，也與自戀的病理特徵相似。

由此看來，造成文化差異最根本的原因，在於父母對子女的教養態度。這是因為一個人的思考方式、情感表達方式、行為模式等，大多是從父母身上學來的。

韓國人的認同作用VS日本人的幻想

防衛機制是一種潛意識的機制，能保護自我免於欲望的挫折導致的不安。文化是滿足欲望的體系，而欲望無法獲得滿足的時候，自然也會有處理或因應此一情況的體系。我之所以關注文化和防衛機制，是因為讀到朴榮淑（音譯）的研究〈從俗諺看韓國人的防衛機制〉[1]正如威廉・馮特（Wilhelm Wundt）在《民族心理學（Ethnopsychologie）》中的主張，俗諺正如神話或傳說、童話一樣，提示了該民族的潛意識欲望，以及關於此一欲望的解決之道及自我防衛方式。

研究者從八千個俗諺中，初步選出內容與防衛機制相關的八百個俗諺，再經過兩位心理學家和四位精神科醫師的篩選，分析了五百八十七個俗諺，最後依據出現頻率整理為十類防衛機制，共計五百三十一個俗諺。

從出現頻率最高的第一名到第五名來看，分別是反向作用（183/34.6%）、認同作用

① 該篇論文應是〈韓國人的防衛機制：以俗諺與梨花防衛機制測驗為中心。〉

（67/12.6%）、被動—攻擊（63/11.8%）、投射作用（47/7.7%）和替代作用（32/6.0%）。出現頻率最高的反向作用（Reaction Formation）俗諺，有「半瓶水響叮噹[2]」「喝涼水，打排骨嗝[3]」「越窮越要蓋大宅[4]」等，特徵都是做出和自身現況相反的行為。

換言之，這些大多是關於打腫臉充胖子或虛張聲勢的俗諺。虛張聲勢可以看作是為了彌補個人當下的自卑感或相對剝奪感，而進行的補償性嘗試。這種虛張聲勢的俗諺，表現出當事者過度的自我炫耀或重視表面、虛華浮誇。或許因為是對內在狀態的反向作用，所以把它們歸類為「反向作用」的防衛機制。

然而另一方面，歸類為反向作用的這些俗諺，似乎也可以看作是將當下的自己，和比自己富裕、優越的某個對象等同視之的認同作用（Identification）。俗諺使用頻率第二高、達到百分之十二・六的認同作用，是將優越的對象（父母、成功人物等）和自己畫上等號，用來因應欲望的挫折或愛情的喪失所導致的不安。

研究者將「跟朋友去江南[5]」「別人說要去市場，就背著糞桶一起去[6]」「媳婦熬成婆[7]」等俗諺，歸類為認同作用，不過如果把「反向作用」也算進去，就有多達百分之四十七・二的俗諺屬於「認同作用」。

這些防衛機制似乎與現代韓國社會獨特的現象有關，例如炫耀性消費、快速傳播的特定產品或行業的流行等。如前所述，韓國人高估自我價值的自戀性人格尤為顯著。

當想要表現自我並獲得認同的欲望相當強烈時，或是這種欲望沒有獲得滿足時，韓國人就會使出「認同作用」的防衛機制，將地位優於自己的人和自己畫上等號。

例如沒有房子，卻擔心綜合房地產稅的人；連基本工資都沒拿到，卻擔心基本工資會拖垮經濟的人。至於小至鄰居間的爭吵，大到國際之間的紛爭，總會有人跳出來站在強者的立場發言的情況，也都和「認同作用」有關。近代以前的事大主義者，以及近代以後的親日派，他們的態度都可以放在相同的脈絡下解釋。

根據心理動力理論，認同作用可以讓人在面對造成自己不安的對象時，降低內心攻擊性的情緒，對於凝聚和維持團體向心力發揮至關重要的功能，也能減緩與對方關係的對立和倒退的矛盾。

由此可以推斷，認同作用在韓國文化中的功能，是讓高自我價值感的人在重視關係維持

---

② 不懂謙虛。
③ 虛張聲勢。
④ 打腫臉充胖子。
⑤ 人云亦云。
⑥ 隨波逐流。
⑦ 蕭規曹隨。

的文化中，能同時滿足關係的維持和負面情緒的緩解兩種目標。

第三高的被動－攻擊（百分之十一・八），收集了「叫你走這條路，偏往山上走[8]」「往不想吃的飯上撒灰[9]」「往睡覺的人嘴裡倒黃豆粉[10]」「憑一股傲氣抓老鼠[11]」等俗諺。

被動－攻擊（Passive-Aggressive）是為了吸引他人關注或避免競爭關係的一種防衛機制，不過這裡有一點特徵，那就是關係雖然維持了，卻犧牲了現實呼應或個人欲望的滿足。此外，這個防衛機制也可能伴隨被動或間接的攻擊行為，造成對方的痛苦。被動－攻擊可以說是對對方的迂迴攻擊，從這點來看，似乎與韓國文化中極具特色的諷刺和詼諧有著緊密的關係。

除此之外，將自己不被他人接受的想法或情緒轉嫁到其他人身上，當作其他人也擁有那樣的想法或情緒的投射作用（Projection），以及將社會難以接受的衝動或態度轉嫁到其他人身上，藉此減少自己內心不安的替代作用（Displacement）等防衛機制，都讓人聯想到許多學者認為是韓國人文化行為模式的「找藉口」，或是最近日益頻繁的隨機犯罪事件。

另外，雖然上述俗諺研究並未分類出來，不過還有一個合理化作用（Rationalization），這原本是自戀型人格障礙者經常使用的防衛機制。合理化作用是個人行動的理由不夠正當，因而遭受良心譴責時，為該行動賦予社會認可的似是而非的理由，正當化自己的行動。

合理化作用的功能在於減輕罪惡感，維持自我價值感。這種防衛機制源於無論是否扭曲事實，都要保護好自己的動機。人們找藉口的行為，或是大眾媒體上經常可以聽見特定團體說「我能你不能」，甚至是開口閉口就是「想當年～」，合理化自己行為的一群「老頑固」的發言，都屬於合理化作用的類型。

那麼，日本的文化防衛機制是什麼呢？可惜的是，目前並未找到關於日本俗諺和防衛機制的研究。只能根據上述推論出的兩國文化性格，談談迴避型人格者可能經常使用的防衛機制類型。

那正是幻想或白日夢（fantasy & daydreaming）。這類型的防衛機制讓人避免面對現實，繼續活在想像之中。在想像的世界中，可以忘卻痛苦、艱難的現實生活，也可以不顧現實世界的所有障礙和困難，甚至可以克服障礙和困難，從而帶給當事人安全感和快樂。

說到日本的文化內容，最家喻戶曉的便是動畫片。動畫不受時間和空間的限制，也不需要遵循日本人必須遵守的文化規範和行為模式。因此動畫這樣的影音媒體，就成了日本人馳

---

⑧ 一意孤行。
⑨ 意近玉石俱焚。
⑩ 幫倒忙。
⑪ 徒勞無功。

騁想像的白日夢之地。

動畫之所以成為代表日本的文化，一般認為有個先決前提，那就是日本人想避免在現實生活中直接發生衝突的可能。在我偶然看到的日本電視劇《世界奇妙物語》中，有一則故事的內容令我印象深刻。

在這則故事中，有一名上了年紀而被公司辭退的老人。老人對自己一夕之間化為烏有的處境深感悲哀，然而新的工作並不好找，人們對老人沒有絲毫興趣。鬱悶的老人在地鐵上小睡片刻，沒想到眼睛一睜開，列車竟來到了陌生的地方。

走出車站的老人，眼前出現了動畫片《櫻桃小丸子》的主角小丸子，是動畫片中2D的模樣。老人跟著小丸子回到小丸子的家，受到了一家人溫暖的招待，也享用了晚餐，而老人的孫女從電視上看到了這個場景。

小丸子送走想永遠留在漫畫世界中的老人，告訴他「一定要回到家人身邊」，接著老人便從夢中醒來。回到家門前，聯絡不上老人的女兒和女婿、孫女，已經等在門外了。他們笑著對老人說：「和我們一起生活吧。」

這則童話般的故事，展現了日本人解決衝突的方式。他們不會面對面拉開嗓門，吵得面紅耳赤，而是在想像的世界中溫和地化解衝突。當然，現實世界中可不會是這樣的結局。

日本人似乎很難直面痛苦的現實。是枝裕和導演的《無人知曉的夏日清晨（誰も知らない）》，以及他在二〇一八年榮獲金棕櫚獎的《小偷家族》，描繪出日本令人憂鬱的現實，然而這樣的現實卻被日本徹底漠視。因為這暴露了日本的陰暗面，令日本人感到不適。

近來日本動畫片的潮流是「異世界」題材。現實生活中非常平凡，或者低於平均水準的主角，在一夕之間進入另一個世界（異世界），而且不知道為什麼，他竟然在這個世界擁有迷人的外表和出眾的能力。他輕而易舉解決眼前所有的問題，成為異世界的英雄。防衛機制中白日夢的定義就在於此。

疏離（Detachment）或孤立作用（Isolation）也是與日本文化相關的防衛機制。疏離是為了避免引起痛苦不安的感受，而將情緒分離出來；孤立作用是試圖將自己從緊張、不安的情況中抽離的防衛機制。

換言之，兩者都是為了跳脫某種情況，而將痛苦的情緒抽離，使自己達到精神上絕緣的行為模式。這也是為了擺脫社會責任或疏遠的人際關係造成的不安。據推測，目前日本有一百二十萬的繭居族選擇疏離和孤立，生活在白日夢裡。

防衛機制是危機降臨時，人們下意識啟動的機制。只是在某些文化中學習到的價值和行為模式，可能早在潛意識中形成特定類型的防衛機制。當然，我不是說所有韓國人或日本人都會出現這種病理學上的行為模式，請各位別誤會。

感性的韓國人VS理性的日本人

關於韓國人和日本的差異，相關討論並不少，其中有個說法是「日本人理性，韓國人感性」。尤其日本在外交問題上批評韓國的反應時，經常提出這樣的主張。換言之，就是日本較為理性，而韓國總是感情用事。

這種說法似乎頗有道理。眾所周知，日本人確實不太善於表達感情。針對日本人調查的跨文化心理學研究中，以集體主義文化為代表的日本人，其情感表達的範圍和頻率確實比個人主義文化圈來得少。

我個人開始思考日本人的情感表達，始於二〇一一年的三一一大地震。當時電視上正播放一名年輕媽媽因海嘯失去兒子的採訪。這位日本媽媽描述著事發時的情況，逐漸悲從中來，卻仍看著鏡頭勉強擠出笑容。

身為韓國人，那位日本媽媽的表情在我眼中看來相當陌生。我光是想到父母失去子女的心情，就不禁一陣哽咽、手腳發抖，沒想到那位媽媽竟然能露出微笑，這是我難以想像的事情。

幾年後，韓國發生了學生去校外旅行，被困在船上溺死的不幸意外。韓國父母們癱坐在地，跺腳痛哭。看到這一幕的政府高層，竟用「野獸般的哭喊」來形容，引起各界撻伐。

文化決定了社會成員表達情感的方式。社會成員根據該文化所偏好的價值，對特定情感的表達做出壓抑或者宣洩的選擇。我們稱之為文化展現規則（cultural display rule）。

在跨文化心理學的定義中，大致認為個人主義文化圈的情感表達較豐富，而集體主義文化圈的情感表達較含蓄，也較不頻繁。當然，即使是相同的個人主義文化圈或集體主義文化圈，也存在著差異。

其實最具代表性的案例，就是同屬集體主義文化圈的韓國和日本的差異。正如以上所言，韓國和日本的情感表達差異，在悲傷的表現上尤為明顯。

韓國人再怎麼說都屬於集體主義文化，仍會克制過度向外表現情感。但是和日本人相比，情況就不同了。在集體主義文化圈中，為顧及團體的和諧而必須壓抑的情感，例如悲傷、憤怒或洋洋得意等，韓國人反倒更積極向外展現。

當然，這種表達方式是有一定的情況和脈絡的。在自己不太熟悉的人面前或在正式場合上，韓國人較少展現情感，不過在家人、親朋好友這類有私交的人面前，韓國人可是相當坦率，毫無保留地表達情感。

在這點上，韓國人和日本人的差異相當明顯。即使是面對像家人或朋友一樣熟悉的人，日本人也不太願意表現自己的個人情感。他們會以符合自己社會角色的方式，或是周遭對自己期待的方式來表達情感。

日本人的這種情感表達方式，稱為「建前」。據說在家人或另一半面前，日本人也不太表現自己的「本音」。日本人對陌生人可以立刻擠出的親切笑容，可謂代表日本的文化內容（？），這個笑容甚至有「Japanese smile」的稱呼。日本人把這個笑容稱為「愛想笑い（あいそわらい）」，意思是裝出來的笑容、刻意為之的笑容。

這是為了不給對方留下壞印象而擠出的笑容，也是我在三一一大地震採訪中看見的日本媽媽的笑容。當然，日本人能理解微笑背後的悲傷，並且對這位媽媽即使承受極大悲傷，依然展現笑容的自制力大為感動。文化就是如此。

但是壓抑情緒對心理健康並沒有多大益處，這是心理學上的常識。情感壓抑和隱藏情緒這類支配日本文化的規範，造成不計其數的副作用。他們有時因為壓抑情感而承受壓力，最後陷入情感表達障礙（例如微笑面具症候群〔Smile Mask Syndrome〕等），有時在外壓抑憤怒等情緒，轉而向家人或所愛的人宣洩。

即使是面對子女，日本父母也傾向壓抑自身情感。不過當子女違反規定時，則會嚴加訓斥。孩子們在父母的認同和同理中認識自己的情感，也在各種場合中了解自己，學習自我表達的方法，這種教養方式可能影響孩子的同理能力。

心理學當中有所謂的心智理論（Theory of mind），是指讀出對方心思的能力。經過過去數十年的研究，心理學家發現孩子在三到五歲時，這項能力就有突破性的發展。然而研究結果顯示，相較於其他國家的兒童，日本兒童的這種能力平均晚了四個月到十一個月，最長甚至將近兩年，讓許多日本心理學家大為震驚。至於韓國和中國兒童，其同理能力比同一時期的西方兒童發展要快。

這代表兒童同理能力發展遲緩，並非集體主義文化或東亞文化的共通點，而是日本文化的特色。日本心理學家將原因歸結於日本過於嚴苛的「訓育」方式。如前所述，日本父母為了教育出符合社會價值的孩子，採用非常嚴厲的教養方式。

根據心理學家增井寬[①]的研究，在「和父母關係不好」「不尊敬父母」「不和父母聊天」等問題中，日本是韓國、中國、美國、土耳其等六個國家中最多肯定答案的。在過去我所參與的研究中，日本大學生獲得父母稱讚的記憶，明顯比韓國學生少了許多。

從小就對孩子的要求相當敏感，有時甚至過於寵溺孩子的韓國教養方式，培養出高同理能力和高自我價值感的孩子。這些孩子具有社交性強、自我彈性良好的性格。當然，日本人

① 依據韓文마스이 히로시及韓文拼寫出的日文ますい ひろし，皆查無此心理學家，應是原文有誤，暫以音譯表示。

會認為韓國父母沒有教育好子女。

然而缺乏情感交流，一味嚴厲管教的教養方式，很可能造就子女害怕他人評價，盡可能逃避衝突的性格。自我價值感自然也相當低落。比起挑戰新事物，他們更可能選擇安於現狀或逃入幻想世界的方式。

過度壓抑情感最糟糕的情況，就是逃避情感，這正是名為「理智化作用（Intellectualization）」的防衛機制。理智化作用是指當事人為了逃避痛苦的現實，刻意排除情感或個人態度，以理性態度解決問題的傾向。

採取這種防衛機制的人，在不安、難過或生氣時，會站在客觀角度理性解釋自己的經驗，以此避免陷入痛苦之中。過多使用理性的詞彙，或是以抽象、枯燥乏味的方式說明情況等，都是為了切斷與實際情況相連的情感。

正如前文所言，日本文化嚴格限制情感的表達。因為表露情感是令人不舒服、欠缺水準的行為，所以比起接受自己的情緒並向外展現，日本人更偏好以理智化的行為模式來處理。在矛盾面前，他們寧可鋪陳理論性的說法，或者乾脆當作這個問題不存在。

另一方面，韓國人經常有情緒問題引發爭執的情況。情緒過於激動時，甚至可能做出某種極端的行為。相較於日本的理智化作用，這種防衛機制可以用行動化作用（Acting Out）來理解。

行動化作用是反社會人格障礙者主要採取的防衛機制，不過我並不是說韓國人是反社會人格障礙者，而是說具有反社會人格的某種屬性。例如不顧對方的意願，非得貫徹自己的主張不可。我想這種現象的出現，或許是和韓國人的文化性格（主觀自我）有關。因為韓國人在自己的欲望未能實現時，心中的不安和憤怒常會立刻表現在行動上。

擁有這種人格的人，的確有時必須後退一步，冷靜看待當下的情況。有人說日本每件事都很理性，我並不同意。如果日本人那麼理性，就不會在書店一角設置嫌韓書籍專區，也不會在每個週末舉行反韓示威。

反過來看，日本人對每件事「理性處理」的行為模式，很可能源自於無法認清自己的情感，對情緒表達感到焦慮的心理。擁有這種人格的人，必須直面問題，承認自己的情緒，並且找出這個情緒的來源，從而接受它。即使這個情緒可能來自於自身的羞恥。

韓國人的心火病 VS 日本人的對人恐懼症

DSM（Diagnostic and Statistical Manual of Mental Disorders）是心理學中使用的精神疾病診斷及統計手冊。自一九五二年第一版問世後，目前已經使用至第五版。一九九四年修訂的DSM－4新增了「文化依存症候群（Culture-bound Syndrome）」的分類，反映了當時心理學界對文化的高度關注。

該分類介紹了在特定文化中才可能發生的二十五個精神疾病，例如主要發生在馬來西亞、印尼等東南亞文化圈中的衝動暴力行為Amok；出現在中國南部和東南亞地區，男性認為生殖器縮入體內會致死的嚴重恐慌Koro等。

在該分類中，也包含了韓國的「心火病（Hwa Byung）」和日本人的「對人恐懼症（Taijin Kyofusho）」。在這篇文章中，我將介紹韓國和日本的文化依存症候群和兩國的文化心理。

心火病是韓國固有的（？）精神疾病，早在《朝鮮王朝實錄》[1]已有相關紀錄。例如思悼世子[2]、惠慶宮洪氏[3]、肅宗[4]、明成皇后[5]等人，就曾受心火病（火症）之苦。精神醫學將心火病定義為慢性心因性疾病，是壓抑受到衝擊後產生的憤怒或鬱悶導致的結果。心火病和誘發消化不良、頭痛等症狀的一般精神疾病不同，它會伴隨各種身體症狀出現，例如煩悶、燥熱、喉嚨胸口的鬱結等。

心火病的原因據推測為「壓抑憤怒」。在與心火病患者的訪談中，多數人都經歷過委屈的事情，卻沒能好好宣洩這樣的憤怒。心火病患者常抱怨胸口有壓迫感，這就是沒有宣洩出來的怒火。

所以，如果說心火病是韓國的文化精神病，那麼心火病之所以出現，或許可以歸因於韓國必須壓抑憤怒等情感表達的文化相對性。在韓國等集體主義文化中，通常有克制負面情緒表達的規範。原因是不看時機、不看場合的發怒，可能會破壞團體和諧。這和個人主義文化鼓勵表達個人情緒的現象形成鮮明對比。

但是有一點相當奇怪。中國和日本也被歸類為集體主義文化，為什麼中國或日本沒有心火病之類的症狀？難道是韓國文化對情感表達的壓抑，比其他國家更強烈嗎？還是韓國人遇

---

① 始於一三九二年朝鮮王朝建國，止於一八六三年哲宗國王李昪，前後共四百七十二年的歷史紀錄。
② 一七三五～一七六二，被父親仁祖關入米缸內餓死。
③ 一七三五～一八一六，正祖李祘生母。
④ 一六六一～一七二〇，一六七四～一七二〇在位。
⑤ 一八五一～一八九五，為高宗王妃，遭日人刺殺身亡。

到更多委屈和憤怒的事情？這正是我們需要更深入理解文化的原因。

首先，我們必須了解心火病形成的原因，也就是「鬱卒」。鬱卒是相當具有韓國特色的情緒。鬱卒通常被翻譯為depression，不過鬱卒和憂鬱（depression）是完全不同的情緒。鬱卒不像憂鬱那樣低落和消沉，而是混雜憤怒和鬱悶，是較為活躍的情緒。

文化心理學將鬱卒的原因歸咎於個人所經歷的不平等待遇（unfairness）。當韓國人認為自己吃虧或遭到不當的損失時，就會出現「鬱卒」的情緒。而且這種不合理的情況得不到解決時，鬱卒的情緒將會更加強烈。

換言之，鬱卒是對不合理情況的覺知，加上情況未獲得改善時的鬱悶和憤怒的綜合情緒。當這種憤怒無法向外宣洩，鬱卒和鬱悶的情況得不到改善時，就會導致心火病。

在過去父權文化下，難以表達個人意見或情緒的家庭婦女；教育程度較低，無法說明清楚個人狀態的底層人，以及社會地位較低，無處傾訴個人情緒的中年男性，這些人經常有心火病的症狀，原因就在於此。

最後，導致心火病產生的鬱卒，本質上是非常「主觀」的情緒。主觀性可以說是定義韓國人心理素質的重要特徵。

當韓國人認為自己遭到不當對待的時候，就會感到鬱卒。別人怎麼想、客觀狀況又是如何，這些都不重要。所以，在別人眼中一點也沒道理鬱卒的人，例如韓國歷史上第一個干預國政的崔順實，也可以大喊「我很冤枉」。

父權文化和教育程度較低的人，以及沒有人可以傾訴情緒的中年男性，並非韓國特有的群體，不過心火病卻成為韓國極具特色的文化精神病，原因就在於此。因為扎根於韓國人文化性格的情緒感受方式，影響了心火病的發生。

接著來看日本的文化依存症候群——對人恐懼症。這種精神疾病的獨特之處，在於「恐懼的方向」。人們在社會生活中經歷的恐懼，通常被歸類為社會恐懼症。這是指在個人行為受到眾人評判的情況下，對他人的目光和評判感到不安或恐懼的情緒。

但是日本的對人恐懼症不同，恐懼不是來自於他人，而是害怕自己可能會造成他人困擾的恐懼。舉例來說，對人恐懼症患者擔心自己的長相或體味可能會引起他人不適，不肯進入公共場所。所以，對人恐懼症又被稱為「擔憂冒犯他人型社會恐懼症（Social Anxiety with Concern for Offending Others）」。

根據跨文化心理學的研究，具有互依型自我（Interdependent Self）的人，也就是把自己視為團體中一員的人，較容易出現這種類型的對人恐懼症。某種程度來說，這是東方集體主義文化圈中常見的精神疾病。

即便如此，對人恐懼症之所以成為日本最具代表性的文化依存症候群，原因或許在於該精神疾病反映了日本文化影響日本人心理特徵的形塑吧。在日本文化中，能夠幫助我們理解這點的，正是「迷惑」文化。

日本人根深柢固認為不能造成他人的困擾，我們看日本街道乾淨、人們遵守秩序，就是因為這種「迷惑」思維。但是這種擾民的概念，在日本具有相當廣泛的意義。日本人似乎認為自己不能善盡社會賦予的角色，也是一種擾民的行為。

因為在日本，忠於自己的角色以及被賦予的任務，被視為是相當重要的價值。好比說大學畢業後還找不到工作、到了適婚年齡還沒結婚等，這種沒有符合社會期待的行為，就會和擾民、丟臉畫上等號。

當然，這種文化上的壓力在韓國或其他國家都存在。但是在韓國或其他國家，對人恐懼症並沒有顯現為文化上的特徵，我想原因或許在於接受這種情況的心理過程並不相同。

研究認為，日本人看待世界的方式並非以自己為行為的主體，也就是相對於他人的自我，而是把自己看作是被動接受外在一切事物的角色。這種特性使日本人忌諱直率的表達，日文當中的「沒辦法，只能這樣了（しょうがない）」的表達方式，也如實反映了這樣的特性。

因此，這種規定個人行為的社會規範和他人的目光等，便是理解日本人心理經驗的重要標準。換言之，當自己的行為無法滿足社會的標準時，日本人就會感到極度的不安。

尤其認為自己的存在造成他人困擾的人，總是極力抗拒與他人面對面的情況。這種不肯離開家門一步，只窩居在自己房間內的人，在日本被稱為「繭居族（引き籠もり）」。繭居族會成為日本重要的社會現象，原因就在於此。

住進深山的自然人 VS 走進房內的繭居族

抗拒社會生活、長期窩居家中的人，稱為「繭居族」，是日本頗具代表性的社會現象。繭居族自一九七〇年代開始出現於日本社會，到了經濟走向蕭條的一九九〇年代初期，逐漸成為嚴重的社會問題。根據內閣府二〇一九年的統計，日本的繭居族約有一百二十萬人，相當於日本總人口的百分之一。

繭居族的繭居生活大多始於十多歲後，這樣的狀態甚至可能隨年紀增加而持續至中年。據推估，目前中年（四十歲至六十四歲）繭居族就有六十一萬人，超過所有繭居族的一半以上。也就是說，三十年前開始繭居生活的青少年，現在已經步入中年了。

繭居族的出現來自於對高度競爭社會的恐懼、覺得在學校或公司被孤立、被集體霸凌或欺負的經驗、在家庭關係中受到傷害、過度依賴父母、嚴重缺乏自信導致的自傷心理狀態等原因。

繭居族現象逐漸浮現的一九九〇年代，是日本泡沫經濟開始，經濟正式走向蕭條的時期。美國《華盛頓郵報》分析，在邁入長期經濟蕭條後，過去支撐經濟高度成長的世代和無法延續經濟成長的世代，兩者的適應能力明顯有別，這樣的差異造就了繭居族的社會現象。

除此之外，害怕造成他人困擾的「迷惑」文化；整個社會認為個人必須忠於自己被賦予的職責，把無法善盡職責視為羞恥的氣氛；日本特有的集體霸凌（いじめ）；壓抑個人情緒表達的社會規範等，都是造成繭居族的原因。

繭居族拒絕一切社會活動，包括維持生計的經濟活動等，如果沒有父母的協助，他們就無法生存下去。因此在日本，父母年齡超過八十歲的中年繭居族問題日益嚴重。因為繭居族父母去世後，他們的子女也將無法再生存下去。

當然，韓國也有這樣的人，我們稱之為「隱居型獨居者」。由於就業困難等原因，人們在社會中遭遇的挫折不斷增加，再加上網路、手機等通訊方式便利，即使不出門也沒有任何不便，因此韓國的「隱居型獨居者」也不斷增加。

繭居族研究專家，東南精神科院長呂寅仲曾這樣形容：「如果說日本繭居族是義式濃縮咖啡，那麼韓國的隱居型獨居者就是拿鐵。」換言之，無論是頻率或是症狀的嚴重性，日本的繭居族都更為嚴重。

村上龍的小說《最後家族》①，講述了無法適應社會生活，最終成為繭居族的兒子秀樹的故事。秀樹在學校和職場中受到傷害，最後把自己關在房間裡，從小說中秀樹的話語和行動中，不難想見繭居族的心理狀態。

他切斷所有與外界的接觸，也不喜歡陽光照進房間，所以用黑色製圖紙遮住了窗戶。他唯一的愛好和活動，就是在完全遮蔽的窗戶上挖洞，透過這個洞拍照。

每次短暫外出買底片或洗照片，他總會擔心自己身上散發出難聞的氣味，所以總會洗好幾次澡，並且直到杳無人跡的深夜才外出。除此之外，他寸步不離自己的房間，吃飯也是母親把食物送到房間。他和家人唯一的溝通，就是下一餐想要吃什麼的紙條。

秀樹的自我認知，是我在這部小說中最印象深刻的部分。他把淪為繭居族的自己，看作是造成家人和其他人困擾的存在，並對此感到痛苦。類似的想法也出現在電影《令人討厭的松子的一生》中。

松子被家人拋棄，一輩子都在尋找愛自己的人，最後以失敗收場，淪為繭居族。她的精神日益萎靡，某天甚至產生幻覺，發狂似地在牆壁上刻下「生而為人，我很抱歉」的文字。「生而為人，我很抱歉」一句，出自於日本作家太宰治的短篇小說《二十世紀旗手》②中。被譽為「太宰治再世」的松子第一位男友八女川徹也，在說完這句話後，便在松子的面前跳軌自殺。

---

① 大田出版二〇〇七年出版，二〇二二年改版。
② 新雨出版社二〇一五年出版。

松子對於一再失敗的愛情感到絕望，最後選擇了繭居生活，她把自己人生會變成這樣的原因，總結為「生而為人，我很抱歉」。松子這句充滿絕望的呼喊，令人心碎。

這就是區分日本繭居族和韓國隱居型獨居者的重要標準。在社會生活中受到傷害，因而躲進自己一個人的空間裡，這是各個文化普遍存在的現象。為了避免自己受到更多傷害，理所當然會採取保護措施。

但是至少所我認識的韓國人，不會把自己受傷的原因歸咎於自己的存在。他們更傾向於責怪傷害自己的人，對於讓自己變成這樣的社會感到憤怒。

嚴格來說，面對無可奈何的傷害，韓國人也可能歸咎於自己，從而形成「恨」的情緒。「恨」可以說是韓國人特有的情緒防衛機制，韓國人將自己經歷的負面情況歸咎於自己，藉此避免激烈的憤怒和人際關係的破壞。

雖然同樣是責怪自己，「恨」的本質並不相同。恨不會把事態發展成這樣的原因歸咎於自己的「存在」，而是歸咎於自己可控制的範圍，例如自己「能力不足」或「努力不夠」。於是，韓國人開始想方設法改變情況，多數時候也會身體力行改善狀況。問題是有時候再怎麼努力，情況也改變不了，讓人打心底感到無可奈何。

即便是這種時候，韓國人採取的方式似乎也和日本人不同。韓國人不是窩居在自己的房間內，而是遁入深山裡。我想起了一類人，他們是「自然人」。他們出現在綜藝節目《我是自然人》裡，這檔節目又被稱為中年版的《我獨自生活》。

這些自然人坦言自己因為遭受過某些傷害，例如經商失敗、配偶離世、好友的背叛等，才選擇住進深山裡。也有不少人是父母過世，子女也已經長大，從工作崗位退休後，終於卸下了自己應盡的義務。

他們說山間生活非常自由。在山裡，他們不必再被世事和世人所束縛。這正是自然人住進深山的原因。雖然我用了「進」這個詞，但是這和繭居族走「進」房間內不同。與其說是住「進」深山裡，似乎用離家出走來形容更好。

雖然和繭居族一樣都是孤獨的生活，但是自然人過著截然不同的生活。他們用全身感受山中的自然和季節的遞嬗，靠自己的力量維繫生計。因為不再有自己應盡的義務，所以這些住進深山中的自然人在山中尋找自己能做的事情，追尋生命的意義。

《我是自然人》在韓國締造超高的收視率，間接證明了韓國人具有這樣的欲望。生活如此辛苦，每個人內心難免都有創傷，但是真正住進山中的人並不多。因為他們還有自己的義務要盡，還有事情可以做。

繭居族從青少年開始便窩居房中，不過自然人不同，他們大多要到中年以後才住進山中，原因大概就在這裡吧。如果韓國人一受到傷害就住進山裡，韓國山裡大概會充斥著各個年齡層的自然人吧。

【文化判讀的基石】

螞蟻認識大象的方法

理解文化就像螞蟻認識大象一樣，因為一個人無法看到文化的各個面向。大象體型巨大，頭大，身體大，腿也粗。一隻螞蟻可以看到的大象身體非常有限。

有的螞蟻只能看到大象長長的鼻子；有的螞蟻走在大象寬闊的背上就要花上一天；有的螞蟻迷失在跟柱子一樣粗的象腿上；有的螞蟻在大象身上某個漆黑、發臭的地方迷路。所以，幾乎沒有任何一隻螞蟻可以真正認識一隻大象。

文化也是如此。一個人要全面關照文化是非常困難的，因為文化中有明亮、充滿希望的部分，也有黑暗、充滿絕望的部分。既有相當合理的一面，也有毫無道理的一面。

任何一個事件或現象都具有兩面性。例如在韓國，酒可以讓人們變得更親近、消除日常生活的壓力，不過從另一方面來看，酒駕、酒醉暴力、酒精成癮等壞處也不少。

文化之所以具有如此多元的面貌，原因在於文化本身就像一個巨大的生命體。生物和文化都有一個共通之處，那就是為了生存和繁殖而不斷演化。所以文化具有各種要素和功能，是維繫生存和繁殖（社會維持）所不可或缺的。

打個比方，大象為了維持生命，必須進食、消化、排泄。大象體型大，吃得較多，想要多吃一些，就必須多走幾步路，那麼象腿也必須非常結實。另外，為了摘樹上的樹葉來吃，鼻子就演化出可以伸縮的功能。

文化也是如此。為了生存下去，必須吃東西；吃完東西，就會排泄。為了吃東西，必須好好工作；工作累了，必須有適當休閒。每一個文化都有各自滿足人類基本欲望的方式。文化會有兩面性和互相矛盾的情況，也是非常自然的事。

但是有些人似乎認為自己所看到的某一面文化，就是該文化的全部。這就像附著在象鼻上的螞蟻，覺得大象是一隻彎彎曲曲的大蛇；停留在大象肛門附近的螞蟻，覺得大象是一個散發噁心臭味的大洞一樣。

這個現象就是所謂的「抽樣誤差（sampling error）」。人們習慣和自己氣味相投的人交流，所以很容易認為自己的所見所聞就是全部。在這樣的「內團體（ingroup）」中，常會出現彼此所知的訊息越來越封閉，最後採取極端選擇的「團體極化（Group Polarization）」，或是在同儕壓力（peer pressure）下未做好通盤考量，直接做出決定的「團體迷思（Groupthink）」。

我們一般討論的文化，大多是這種類型。人們基於來源不可考的刻板印象和偏見、從大眾媒體上吸收到的片面文化，以及個人經驗的片段，為該文化塑造出某種形象，並且相信這就是事實。

「都說韓國人最重人情味，韓國社會怎麼會這麼冷漠呢？」

「聽說日本人很難知道他們的真心，但是我認識的日本人不會那樣吔？」

「我去美國的時候，根本感受不到韓流吔？」

單憑個人經驗或自己友人的經驗，對於理解整體文化毫無幫助。只看某個片面就以為自己了解該文化，這不僅有違事實，也是非常危險的。

文化是一個完整的主體，各有其結構和功能，也依據其原理運作。因此，想要全面認識一個文化，最好的方法就是關注文化的功能。所有現象的存在都有其原因，不會平白出現。關注這些文化的功能，就能像拼拼圖一樣重新理解文化的各個層面。

另外，常有些文化會有令人不適的、負面的部分，讓人懷疑「這個文化怎麼會這樣」。一些人甚至對於世界上存在這樣的文化感到不安。

人們總會認為那些現象只是一部分人的出格行為，不願承認那是該國的文化，或者看到那個國家的文化是那樣，所以斷定該國人民也都會是那樣。但是這種負面的文化也是文化。越是看似健全發展的文化，背後隱藏著越多的黑暗面。

想要全面了解文化，當然也必須了解負面文化存在的原因。因為那樣的文化必定有其功能。難道大便味道太臭，就可以當作大便不存在，或是把肛門堵起來嗎？

人類攝取食物後，其中沒有完全消化的東西和體內的廢棄物混合成糞便，排出體外。沒有排泄，人類就無法存活下去。但是糞便味道太重，人們想出了許多解決辦法。例如把廁所蓋在離家較遠的地方，或是立刻用水沖掉，不過有時人們會利用糞便作為農作物的肥料、燃料和建築材料，不管糞便有多臭。

這就是看似噁心、無用的文化會繼續存在的原因。寫著寫著，這段文字忽然用糞便來結尾了。不過我相信，聰明的讀者都會知道我想要表達什麼。

當然，拿掉文化心理學家這個頭銜，我也只是個凡人，我知道我所看見的世界是有限的，所以我學著更全面地看待文化。雖然還不能說我看到的是全部，也不能說我都是對的，不過至少我可以向各位說明，文化當中複雜多端的層面是依據什麼樣的原理運作的。請相信我，也必須相信我。

最後，對於我偶爾會提到的極其負面的、莫名其妙的文化，經常有人會提出質疑：「你是支持那個文化嗎？」「你要我們都認同那個文化嗎？」我想說的是，理解和認同、接納是不同的概念。

理解是試著認識某個現象出現的原理和原因，而認同或接納是承認那樣的現象，也同意那個現象的存在。為了在這塊土地上過上更好的生活，我們不斷改善、革新自身的文化。就當是為了建構更完善的文化，我們有必要好好理解為什麼有些文化不那麼完美。

但是我希望各位明白一點，理解某件事情，和主張這件事情是「正確的」，所以絕對沒有問題，或者我也要那樣做，意思完全不同。什麼文化是對的，又該接受什麼樣的文化，這完全取決於各位讀者。

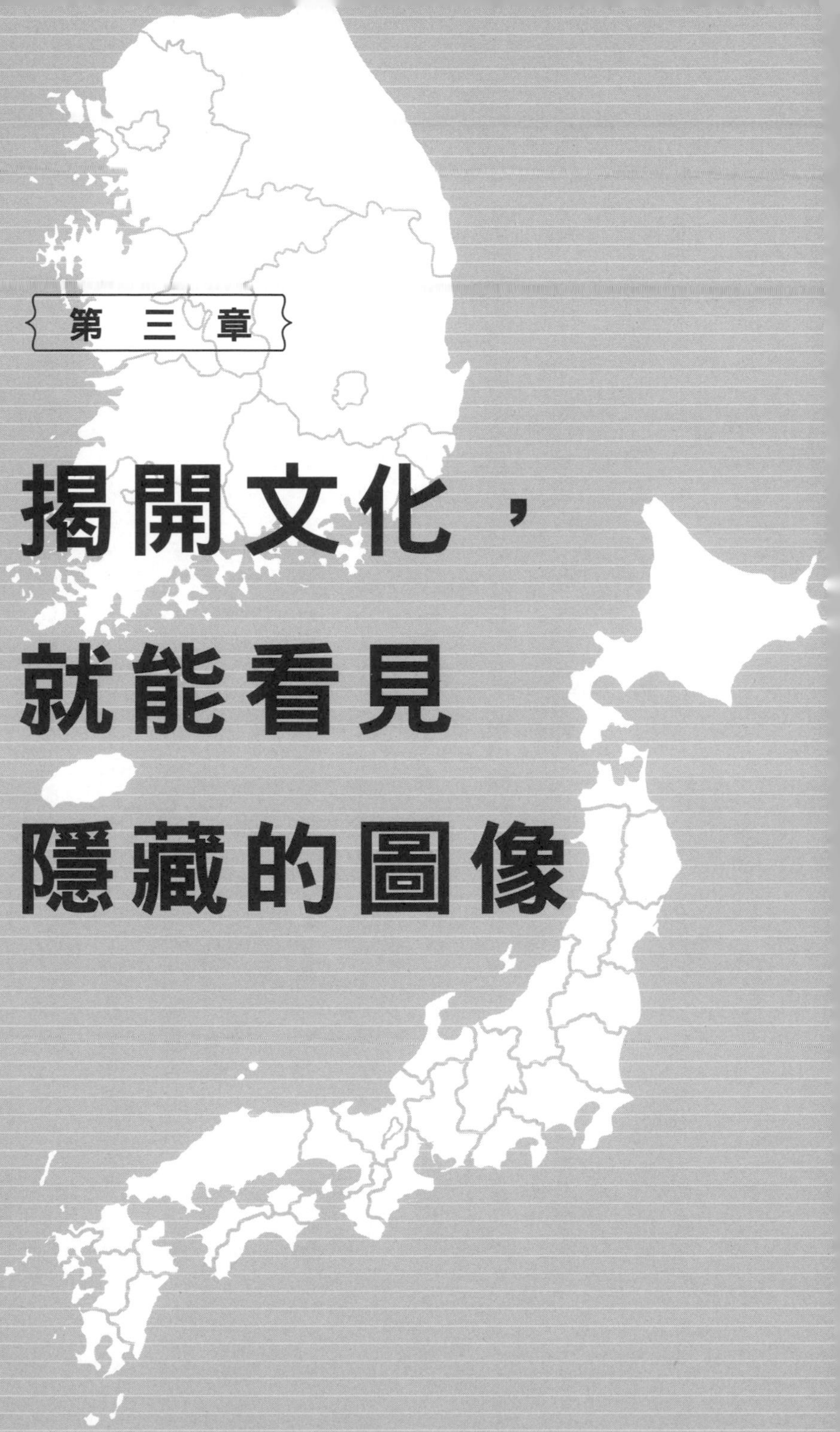

第　三　章

揭開文化，就能看見隱藏的圖像

第三章講述的文化差異，要對文化稍有興趣的人才會明白。有時候我們必須撥開外在現象的表層，進入內裡，才能看見文化的深層意涵。近代心理學之父威廉・馮特（Wilhelm Wundt）相信，想要看見人們深層的心理，就必須先了解他們背後的神話、傳說、民間故事和價值觀等，並進一步提出「民族心理學」的學說。我在這一章所要講述的內容，正是這樣的概念。韓日兩國人民所創造和接受的故事和遊戲，有著極其不同的面貌，例如總是含冤負屈的韓國鬼和沉默寡言的日本鬼、通常從事某種特定職業的韓國英雄和出場台詞總是大同小異的日本英雄、三戰兩勝的韓國摔角和一局定輸贏的日本相撲……原因是什麼呢？在韓日兩國看似大不相同的文化背後，或許隱藏著本質上的差異。

含恨而死的韓國鬼怪 VS 原地不動的日本鬼怪

你相信有鬼嗎？在二十一世紀的今日，或許會有人問「這是什麼莫名其妙的問題？」其實在文化心理學中，鬼怪的存在與否並不重要，重要的是人們相信有鬼的這個信念本身。文化投射出人們的各種欲望與恐懼，鬼怪自然也是反映人類自身欲望與恐懼的結果。所以鬼怪呈現了該文化下的人們期待著什麼，又畏懼著什麼。

本文所要談論的是韓國鬼怪和日本鬼怪的差異。韓日兩國似近而遠，儘管相似之處也不少，不過仔細觀察，就能發現顯著的差異。鬼怪出現的原因也如此不同。

韓國鬼怪故事的原型是民間故事「阿娘傳說」。密陽府使[①]之女阿娘，在反抗欲非禮自己的通引[②]時慘遭殺害，屍體被遺棄。之後每一位新上任的使道[③]，總會在見鬼後喪命，任

---

① 密陽位於今日韓國慶尚南道，府使為行政區「府」的最高官員。

② 朝鮮時代為地方官員跑腿的小吏。

③ 朝鮮時代由中央派往各地的地方官。

何人都不願意來密陽……

後來一位膽大的人出現，以使道身分來到密陽。阿娘現身吐露自己的冤屈，使道聞言，將犯人抓來處死，並找出阿娘的屍體，重新埋葬，總算解決了此次事件。阿娘謝過使道後，前往陰間，而使道從此過著無憂無慮的生活。

韓國的鬼故事大多具有和阿娘傳說類似的情節。例如被繼母陷害冤死，現身控訴冤屈的薔花、紅蓮[4]，還有電視劇《傳說的故鄉》[5]中，那些外貌美豔動人，在沉冤得雪後，行大禮離去的眾多女鬼。

這些故事的情節可以總結如下：

1.鬼怪出現嚇人或嚇死人。

2.某位膽大之人見到鬼怪，傾聽鬼怪的故事，解開鬼怪的怨恨（冤屈）。

3.沉冤得雪的鬼怪終得其所，而為鬼怪伸冤的人也有好事發生。

我們由此可以得知，鬼怪的出現是「為了傾訴冤屈」。換言之，韓國鬼怪是為了揭露自己冤死的原因，一解怨恨才出現的。所以韓國鬼怪通常會找上掌權者。因為一般百姓並沒有權力揭發自己冤死的原因，找出真凶並加以懲罰。

「使道大人……我好冤枉啊……」韓國鬼怪常說這句台詞，是有原因的。膽量小的使道早被嚇死了，這些使道如果能正視問題的嚴重性，好好查明鬼怪出現的原因，絕對能保全小命。要是各位讀者某天碰見了鬼，務必要好好記住這點。

反之，日本鬼怪的出現毫無理由。日本傳統鬼怪的類型相當多，不過相較於韓國那樣，特定人物因為特殊原因而變成鬼怪的情形，更多的是像河童（かっぱ）或鬼（おに）、山姥（やまうば、やまんば）、雪女（ゆきおんな）那樣，從以前就一直存在於特定地區的情形。他們從一開始就待在那裡。

其中和韓國阿娘或薔花、紅蓮比較類似的情況，就數近期搬上大銀幕的《七夜怪談》中的「貞子」，或是《咒怨》中的「伽子」等鬼怪。不過她們的出現毫無道理。擁有陰陽眼的貞子，在冤死後將冤魂寄託在錄影帶上，殺死所有看過這卷錄影帶的人；而《咒怨》中被精神異常的丈夫殺害後，冤魂化為老宅地縛靈的伽倻子、俊雄母子，也對所有搬進這間屋子的人表現出敵意和攻擊性。

以下總結日本鬼怪的特徵。第一，他們有自己明確的領域；第二，任何入侵該領域的人都會成為他們攻擊的對象；第三，一旦成為他們攻擊的目標，都會受到嚴重的傷害。

---

④ 出自韓國古典小說《薔花紅蓮傳》。

⑤ 韓國 KDS 電視台於一九七七年至二〇〇九年間播放的電視劇。

從文化心理學的角度來看，這三點特徵或許正是引發日本人極大恐懼的因素。日本人對於私人領域相當敏感。他們不希望任何人入侵自己的領域，同時也害怕自己進入他人的領域。換言之，進入他人的領域就可能受到攻擊，如果因此受害也只能自認倒楣。

近來日本網路上流傳的怪談角色「扭來扭去（くねくね）」「八尺大人（八尺様）」等，也如實保留了日本鬼怪的特徵。不知道為什麼，他們總是出現在固定的地方，並且一定會傷害看見他們的人。人們害怕他們的存在，也不願意去他們出現的地方。

私人領域被侵犯的日本鬼怪，無言地表達自己的怨恨。那樣避免打擾他人的日本人，想當然會害怕對自己造成巨大傷害的存在。妖怪和鬼怪可不會在意什麼「迷惑」。

各位讀者如果在日本旅遊期間遇鬼……沒有其他辦法了，只能盡全力逃跑。如果你沒力的話，那就……所以在日本的時候，請盡可能不要前往傳聞有鬼出沒的地方。

韓國鬼怪和日本鬼怪的第二個差別是對人的態度。除了怨念太深，非要找替死鬼不可的水鬼之外，韓國鬼怪幾乎不會害人。只要忍住恐懼，好好傾聽鬼怪的故事，就能平安存活下來。

韓國最著名的鬼怪「妖怪（도깨비）」也是如此。他們雖然會把人們搞得天昏地暗，讓人們整夜在山中徘徊，或是抓著喝醉的人玩摔角，但是並不會殺人。韓國妖怪傻里傻氣又愛玩，只要人類好好哄騙（配上橡實凍），他們甚至會答應人類的要求。九尾狐當然也不能不

提。九尾狐雖然都實際出現在東亞三國（韓、中、日）的文化中，不過牠在中國和日本被描繪為惡鬼，在韓國則被形容為非常親人的形象。

在韓國的九尾狐傳說中，九尾狐因為「想變成人類」而竭力克制身為肉食動物（狐狸）的欲望。牠和人類相愛，即使遭到人類的背叛，自始至終也不曾傷害自己深愛的對象，選擇黯然離去，是相當悲劇性的主角。

當然，韓國也有堅守自我領域的鬼怪，例如山神或地基主神、託身大樹的樹神等。比起鬼怪，祂們更具有神的身分，是人們信仰的對象。雖然做壞事會被祂們懲罰，不過祂們基本上還是保護我們，賜予我們福氣的存在。

但是日本的妖怪通常會傷害人類。在日本鬼怪中，妖怪「鬼」就相當於韓國的「妖怪」。頭上長角，手持狼牙棒的妖怪，正是日本妖怪「鬼」的形象。

日本傳說或民間故事中的「鬼」，通常被描繪為犯下重罪的妖怪，例如偷竊、殺人或搶奪婦女等。韓國漢字「鬼神」（亦即幽靈）中的「鬼」字，就是日本的「鬼」，從這點來看，便能多少推敲日本人對鬼怪的認知。例如化身為山中美麗的女子，善加款待旅人，等到旅人睡著便一口吃掉的山姥，或是在下雪的地區將人類凍死的雪女等，都是如此。

這些日本妖怪近來出現在動畫等文化內容中，和人類親密無間，不過根據十八世紀以前的紀錄，他們全都被描繪成邪惡的存在。雖然住在水裡的河童，可以稱得上是傷害較小的妖怪，不過他們有時候也會讓人落水溺死。

韓國鬼怪帶著怨恨變成鬼怪，為了一解怨恨而出現在人類面前，日本鬼怪也懷抱著不願前往陰間的巨大怨恨，徘徊在自己死亡的地方，傷害那些和自己毫不相干的人類。

韓國妖怪和人類相安無事，盡可能不傷害人類，而日本妖怪堅守自己的領域，嚴懲侵犯自己領域的人類。這反映出韓國人和日本人什麼樣的心理差異呢？

三局定勝負的韓國摔角 VS 一局定勝負的日本相撲

日本和韓國最具代表性的傳統運動，分別是相撲和摔角。從歷史上來看，這種雙方抓住彼此較量力氣的體育，同樣出現在不同的文化中。古代奧林匹克運動會上進行的角力（Wrest ing）、俄羅斯的桑搏（cáмбо）、蒙古的搏克（bökh）、土耳其的塗油摔角（Yağlı Güreş）等，至今仍在世界各國持續進行。

不過比賽方式隨國家和文化而不同。文化是反映該文化成員欲望的一種投射系統（projective system），好比說在一個文化中為人熟知的故事，或是夢中共同出現的圖像、人們喜歡的遊戲等，都蘊含著該文化成員歷來追求的欲望。

韓日兩國最著名的傳統摔角和相撲，也是一樣的。接下來，我們將一窺摔角和相撲投射出的韓國人和日本人的文化欲望。

首先，摔角是在直徑八公尺的圓形競技場上，雙方抓住對方的腰帶或褲頭，較量力氣和技巧，看誰最先將對方摔倒在地，就算取得勝利的運動。

至於相撲，則是先將對方推到直徑四・五五公尺的圓形擂台（土俵）外，或是讓對方除了腳之外的身體部位接觸地面，就算獲勝，可以說比賽方式大致上和摔角類似。

兩者最大的區別，在於決定勝負的方式。摔角和相撲一樣，讓對方除了腳之外的身體部位接觸地面就算獲勝，不過相撲還有另一個規定，將對方推出擂台也算勝利。

也許是因為這個規定，我們可以看到相撲擂台的規格較小，上面覆蓋的沙子也較淺。大概是為了減少摩擦，以便將對方推出擂台外。實際觀看相撲比賽，就能看見「力士（相撲選手）」被推動時，雙腳並沒有踩進沙子，而是在沙子上移動的樣子。

反之，摔角的競技場規格較大，為八公尺，沙子的深度也必須撲滿三十公分以上。在大型競技場上，不僅可以靈活發揮各種技巧，而且以高超的技巧將對方摔倒時，四散飛濺的沙子也是摔角比賽的另一種魅力。

我認為相撲的規則相當有趣。日本人為什麼要把對方推出擂台外呢？這反映了日本人對界線的看法。日本人向來內外分明，表（おもて）和裏（うら）、外（そと）和內（うち）就是如此。

當然，韓國也很明確區分內團體和外團體。對韓國人而言，「我們（우리）」和「別人（남）」是不同的概念。但是，日本的表裏和韓國有著本質上的差異。

韓國人平時把「我們」和「別人」分得相當清楚，不過容易和陌生人打成一片也是一大特點。只要彼此志同道合就夠。但是對日本人而言，內外並不是任何人可以輕易來去的界線。「本音」和「建前」即鮮明呈現了日本人明確區分內外的心理。

有一個習俗能很好說明日本人的內外觀念。在日本，每到立春的前一晚「節分（せつぶん）」，父親會戴上妖怪面具，走進家中大門，孩子們這時就要一邊撒豆子，一邊高喊「鬼は外！福は內！」，是「鬼出去！福進來！」的意思。

換言之，外面是有（或必須有）壞東西的地方，而裡面是有（或必須有）好東西的地方。在相撲擂台上，裡面象徵著裏和內。對日本人而言，把非自己的東西（壞東西）推到私人領域之外，是再自然不過的事。

第二個重要的區別，在於摔角是三戰兩勝，而相撲是一局定勝負。韓國所有傳統遊戲基本都是三回合制，從剪刀石頭布到摔角，這個規則幾乎沒有例外。

韓國人討厭輸的感覺。眾所周知，韓國人非常重視自我形象，也可以說自我價值感相當高。根據希金斯（E.Tory Higgins）的「自我差距理論（Self-discrepancy theory）」，人類擁有三種自我，分別是基於個人客觀現實的「真實我（actual self）」、期待自己可以達到的理想狀態的「理想我（ideal self）」，以及身為社會的一員必須善盡義務的「應該我（ought self）」。

西方人的自我（self）概念，從第三者的觀點逐漸發展成形，所以更接近真實我。不過韓國人有自我評價過高的傾向，在外在行為方式上也樂於自我表現，從這幾點來看，韓國人似乎更接近理想我，而非現實我。換言之，比起自己當下客觀的情況，韓國人更願意相信自己是「有望達到的理想模樣」。

可以說韓國人的自我認知，是建立在「比實際自我價值更高」的自我價值感上。用最近流行的話來說，自我價值感高就是一種「迷之自信」，這種自我認知方式已經內化為韓國人的思維了。

自尊心強，凡事不想輸的韓國人，很難單憑一局的勝負承認失敗。至少要在三局中輸掉兩局，才甘願說出「這次是我輸了」。當然，他們還會再補上一句「下次等著瞧！」

但是日本人不同。這難道是源於一局定生死的刀文化嗎？一局定勝負後，大多數的日本人便承認失敗，承認對方是勝者，而自己是敗者。

在戰火頻仍的日本戰國時代，承認失敗並成為勝者的手下，是理所當然的事情，這也被認為是身為武士的光榮。有分析指出，日本人熟悉的這種戰鬥模式，反倒使得倭軍在壬辰倭亂期間面臨苦戰。

即使朝鮮的城池被攻破，守城將領接連死去，朝鮮人不僅沒有投降，反而四處組織義兵，積極對抗倭軍。朝鮮人的這種性格，也表現在日帝強佔期間。儘管王室血脈斷絕，國家滅亡，朝鮮人仍成立臨時政府，組織軍隊，和日本對抗到底。

最後的區別在於，摔角主要由百姓自發舉行，也備受百姓喜愛，而相撲是在皇室和幕府的資助下發展起來的。也許是因為這樣，相撲比賽有個明顯的特徵，那就是賽前舉行的儀式或兩位選手對決前要走的流程等，都非常複雜且儀式化。不過也多虧這樣的儀式化，相撲成為外國人眼中充滿神祕色彩且夢幻的東方傳統運動。

反之，摔角是由百姓發展起來的庶民文化，所以沒有吸引觀眾眼球的服裝或花樣，給人的印象是上了年紀的人才會喜歡的民俗遊戲，這是不爭的事實。不過由於技術上的傳統性和文化上的獨特性獲得肯定，摔角於二〇一八年被列入聯合國教科文組織世界非物質文化遺產。近來，隨著外型充滿魅力、比賽技巧華麗的年輕選手登台比賽，使得摔角再次受到關注。

成為英雄的盜賊VS強者方為英雄

簡單來說，英雄就是投射人們欲望的人物。某個人物深受其他人的喜愛，接著這個故事被傳承、定型且廣為流傳，等於這個人物代替人們實現他們想成為的模樣，代替人們做他們想做的事情。

從這個角度出發，我試著先從電影、電視劇中尋找深受日本人喜愛的人物。日本因為各種不同的原因拍攝大量的歷史劇，歷史劇中主要刻畫的人物多為過去的武將。在日本歷史上，武士（さむらい）①就是統治階層，所以這樣的設定似乎理所當然，不過其中也有深受人們喜愛的人物。

例如武田信玄、上杉謙信、織田信長等戰國時代的武將。戰國時代（せんごくじだい）相當於室町幕府末年（十五世紀後葉至十六世紀中葉），當時中央政府權力削弱，是各地大名爭奪勢力的混亂時代。

其中掌握關東平原統治權的武田信玄和上杉謙信的戰鬥尤為激烈，長久以來流傳在傳說、口傳故事和民間故事中。持續百年之久的戰國時代，最終在織田信長的手中走向尾聲，不過他因為家臣的背叛而死，豐臣秀吉隨後統一日本。

然而相較於統一日本的豐臣秀吉和最終成為江戶幕府將軍的德川家康，武田信玄和上杉謙信、織田信長等人物更受歡迎。從歷史上來看，豐臣秀吉和德川家康的功業雖然有其意義，但是在血光四濺的戰場上揮舞刀劍戰鬥的這些人，似乎更能獲得日本人的共鳴和喜愛。

傳奇武士宮本武藏，是另一位深受日本人喜愛的人物。宮本武藏自十三歲開始參加決鬥，據說從未打過敗仗。他所參與過的戰爭，有和吉岡家族的對決、和佐佐木小次郎的「巖流島決鬥」等，至今仍在文學作品和民間傳說、漫畫、遊戲等文化內容中不斷被改寫。

另一方面，自江戶幕府成立以來，國家和平發展，武士們便少有用刀的機會。之後進入近代，這些用刀的人開始受到關注，那時正是明治維新展開前的幕府末年。

推翻幕府、建設近代日本的人，在日本被稱為「維新志士」。為了防止幕府首領「將軍」為這些維新志士所害，維持京都的治安，名為新選組（しんせんぐみ）的組織便就此誕生。

明治維新是渴望推動西方近代改革的知識階層所主導的改革，這是日本結束長期的鎖國政策，開始邁向近代化的契機，也奠定了亞洲出現第一個近代工業國家的基礎。同時，這也

---

① 在日文中，「武士（ぶし）」與「侍（さむらい）」有所區別，不過本文並未明確區分。

是日本帝國主義的野心開始望向韓國等周邊國家的時刻。

反對維新的統治階層，同時也是既得利益者的幕府勢力，抵抗的力度自然也不小。新選組為親幕府派，是反對維新到底的武士組織。明治維新成功後，新選組甚至被貼上反抗政府軍的叛軍標籤。

然而日本人對新選組的愛無以復加，在許多電視劇和電影、動畫、遊戲等文化內容中再提及出現新選組。明治維新可謂定義現代日本最重要的事件，而日本人對於反對明治維新的這些人，卻有著超乎想像的熱愛，這代表著什麼？

到了現代，我們不能不提到極真空手道的創始人大山倍達（崔倍達）。崔倍達也是日本青少年選出的日本十大英雄，他在修練過程中與日本眾多武術高手交手過，從未失敗過，這樣的神話甚至可以和江戶時代的傳奇人物宮本武藏相提並論。

他們的共同點是什麼呢？對於他們在日本文化內容中反覆出現的身影，人們將其總結為「對強大的追求」。其實現代人很難理解，歷史人物之所以做出那些行為的背後動機。

戰國時代武將發起戰爭的原因，大概是為了「爭奪權力」。權力能帶來許多好處，這也是至今人類土地上戰爭頻仍的原因。而宮本武藏不斷尋找決鬥的對手，或許是為了達到他所追求的某種藝術境界。宮本武藏可是兼具畫家身分的知名藝術人。

新選組的戰鬥，可以解釋為下級武士為了進入既得利益階層所做的努力。那些曾經參與明治維新，後來又靠向幕府的眾多下級武士，或許是因為現實秩序中身分上升之路被阻斷，為了脫離這個處境才做出的選擇。崔倍達徒手鬥黃牛的激烈對決，不也是因為身為殖民地出身的二等公民，必須尋找自身存在的原因，才做出那樣的選擇嗎？

但是，日本人一貫用「追求強大」來解釋他們的動機。說他們為了變強而站上決鬥場，說他們總在尋找更強的對手，說他們想和更強的人對決，以證明自己在歷史的漩渦中無比強大。這是人們賦予他們的意義，而不管他們心中實際想的是什麼。

不僅如此，在數也數不盡的日本文化內容中，主角總是反覆強調「我會變強的」。看著乳臭未乾的男孩、日本動畫中特有的軟萌少女，一邊大喊「我會變強的」，一邊跑向戰場（像是去打籃球、踢足球、打排球、打躲避球、打網球等等）的模樣，身為韓國人的我經常有種奇妙的感覺。

由此看來，日本人似乎認為自己應該要變強，也必須強大才可以。對日本人而言，強大究竟是什麼？日本人必須變得如此強大的原因又是什麼？關於這個問題，我將會在另一篇文章中討論，這裡我將繼續分析韓國的英雄。

文化是一種投射系統，換言之，文化現象反映出人們的欲望。超人之所以出現在美國，是因為在經濟大蕭條期間，美國人熱切期盼一位擁有絕對力量的英雄，能瞬間克服所有危機。

同理，日本人之所以經常懷念那些「追求強大的人」，是因為他們認為強大是必不可少的。那麼，反映韓國人欲望的英雄是誰？在韓國文化中，有沒有像美國的超人、日本的宮本武藏那樣，經常出現在文化內容中的人物？

有的。這位韓國英雄就是最先出現在小說中，隨後不斷被改編為電影、電視劇、漫畫、遊戲的洪吉童。洪吉童是一六一二年由朝鮮文人許筠撰寫的《洪吉童傳》的主角，在韓國無人不知、無人不曉。自從一九三四年首次搬上大銀幕後，以洪吉童為題材的文化內容如雨後春筍般出現，包含電影、動畫片、電視劇、音樂劇、唱劇、場院演藝[②]、遊戲等。近來也有由李帝勳主演的電影《幻影偵探》[③]，以及尹鈞相扮演洪吉童的電視劇《逆賊：偷百姓的盜賊》[④]。

如果說群眾的共鳴和喜愛是英雄的必要條件，那麼在韓國，沒有誰比洪吉童更符合英雄的條件了。那麼，洪吉童的魅力何在，能讓韓國人為之傾倒？

首先是洪吉童的身分。「庶子」這樣的身分，即使有再傑出的能力，都無法進入官場當官，與平民無異。對於平民而言，洪吉童正是和他們畫上等號的人物。而且在重視孝道的朝鮮，不能直接稱呼自己的生父為父親，也是洪吉童引起人們強烈共鳴的要素。

第二，洪吉童是「義賊」。洪吉童的主要任務就是劫富濟貧，搶奪非法財物來拯救窮人。這正是洪吉童長久以來深受人們喜愛的原因。

對於大部分天生就是平民，即使一輩子勤懇工作，生活也無法豐衣足食的人而言，洪吉童奪取貪官汙吏和壞心富翁的財物，分給像自己一樣窮苦的人，那模樣簡直帥呆了。

義賊洪吉童吸引韓國人關注的原因，從韓國文化中有許多義賊角色，也深受人們喜愛這點就可以知道。除了洪吉童之外，林巨正、張吉山、一枝梅等人都是代表人物。義賊角色近來也被重新改編，登上電影《群盜》。

這些人的共通點都是小偷。說好聽一點是義賊，其實就是打家劫舍，搶奪他人財物的小偷。換言之，韓國人將小偷視為英雄。從這點來看，我們就能發現關於韓國文化和韓國人欲望的重要線索。

第一，韓國人意識到財富分配不均的問題。因為大部分富翁都以不正當的方式斂財，所以才能成為富翁，而劫富濟貧的小偷，因此被視為義賊。不公平的現實環境，讓人們嚮往義賊。

---

② 韓國傳統演藝的一種，在廣場上表演歌唱與雜技。

③ 二〇一六年於台灣上映，原片名為《偵探洪吉童：消失的村莊》。

④ 又名《逆賊洪吉童》。

第二，義賊反映出人們也想過上富裕生活的欲望。人們也希望像那些富翁一樣過上好生活，但是現實情況並不允許，所以搶奪富翁的小偷便成為人們理想的形象。對於拿兩班貴族無可奈何的百姓而言，如果痛快地教訓貪官汙吏的小偷不是英雄，那誰才是英雄？

在二十一世紀的今天，持續不斷的「金湯匙／土湯匙」爭議，揭示了韓國社會中貧富不均的嚴重問題，這也是相當敏感的問題。而直至二十一世紀仍持續出現的二代洪吉童、三代洪吉童，同樣反映出在國家體制內，這些問題依然無法透過合法程序善加解決的現實。

另外，「團隊英雄」是近來韓國電影中較常見的英雄類型，承襲傳統義賊角色的電影《群盜》就是如此。電影《暗殺》《密探》《陽光先生》中，活躍於日帝強佔期下的獨立鬥士，以及《我只是個計程車司機》《一九八七：黎明到來的那一天》這類聚焦民主化抗爭時期底層人民的電影，並不僅僅強調一兩位英雄的故事。

這些電影有著相同的故事情節，那些和我們沒有什麼兩樣的普通人，在偶然的契機下發現有比當下生命更重要的價值，遂決定投身其中。在許多人齊心協力、奮鬥不懈之下，終於迎來了人們不敢奢望的祖國獨立和國民主權的時代。

韓國人從現代史的眾多事件中汲取經驗，認識到歷史不是由一兩個人創造，而是生活在其中的無數人民所共同創造的。這種新型態的「團隊英雄形象」，正好反映出了韓國人的集體潛意識。

「超越我」的韓國老師VS「跟我做」的日本老師

對於「老師」的態度，也是鮮明呈現韓日差異的特色之一。首先，日本的師徒關係體現在「家元（いえもと）」制度上。家元是日本傳統的傳承體系，在這個日本的傳統制度中，包含了傳授、延續與管理藝術、技藝的各種規範。除了藝術和技藝外，在宗教、事業、學校、工廠、辦公室等日本社會的各個角落，也都能看見這個非常日本式的制度。

人類學家許烺光所整理的家元組織有個明顯的特徵，那就是家元（掌門人）的絕對權威。家元有權守護組織的機密，維持、管理組織的水準，也有權協調各弟子間的勢力，將違法犯紀的人逐出師門。

弟子們被要求絕對服從家元的命令，尤其嚴格禁止對藝術和技藝內容擅加解釋或修改。教學的關鍵在於「腹藝（はらげい）」，老師並不提供具體的指導，而是讓弟子跟隨老師的一舉一動盲目地模仿。教學內容嚴格保密，只以口頭傳授，因此老師得以保有獨一無二的地位和神祕性。

弟子有義務為老師做牛做馬，無法想像會有弟子違逆老師的命令，或是心生不滿而要求換掉老師的情形。許焴光用一句話概括家元制度下的師徒關係，那就是「忠臣不事二主」。

看到這裡，韓國似乎也沒有什麼不同。韓國人也非常尊敬老師，韓文有一個詞是「君師父一體」，意思是國君、老師和父親處於同等地位，古語甚至告誡人們不可踩踏老師的影子。但是只要仔細觀察，就能發現情況大不相同。

在韓國，除了隸屬於王室或官方的作坊外，幾乎沒有像日本家元那樣制度化的傳承體系。每當有心學習的弟子前來求學，只要符合資格，老師通常會收下這名弟子，加以栽培。這是韓國行之有年的體系（？）。

因此有關傳承體系的文獻紀錄，留下的資料並不多。但是從許久之前的紀錄中，已經能窺見韓國師徒關係的端倪。其中最具代表性的，就是伽倻的樂聖于勒及其弟子的故事。

于勒是伽倻人，奉嘉悉王[①]之命，創作象徵伽倻十二個地區的十二首樂曲。在伽倻國走向衰亡時，于勒只能流亡新羅（五二二年）。當時新羅真興王[②]為于勒的音樂所打動，遂命令階古、法知、萬德三人向于勒學習音樂。

這三人一定程度掌握了音樂後，認為于勒的音樂過於複雜、淫亂，將十二首樂曲縮減為五首。得知此事的于勒，起初相當生氣，然而在聽到弟子們的演奏後，他留下了淚水，感嘆道：「樂而不流，哀而不悲，可謂正也。」[③]承認弟子超越了自己。

這則故事難道只是弟子的越權行為，輕視那位流亡他國的亡命音樂家于勒嗎？雖然接下來要談的故事跨了相當長的時間，不過近代伽倻琴名人沈相健的軼事，有助於我們推敲韓國老師對弟子的態度。

曾有一名弟子向沈相健學習散調。每次徹夜練習學過的內容，第二天原原本本彈奏出來時，沈相健就會責備弟子散調不能那樣彈。這名弟子抗議，說：「老師您昨天明明那樣教的。」沈相健卻堅持自己從未那樣教。

對老師的態度感到無奈的弟子，第二天拿錄音機錄下了老師的彈奏。翌日，老師又責備弟子伽倻琴不能那樣彈奏，這時弟子迫不及待地播放前一天的錄音，說自己只是原音重現老師昨天的彈奏。

對此，沈相健如此回答：「那是昨天的聲音，不是今天的聲音！」沈相健所要表達的，不正是弟子必須以所學為基礎，每天彈奏出自己獨特的風格嗎？

儘管上述故事僅限於音樂，不過韓國的這種師徒關係，明確強調了韓國文化的某個特點，那就是自由自在的「表達」。不知道這是否與主觀自我的特性有關，不過無論如何，韓

---

① 伽倻第七代王，四二一～四五一年在位。
② 新羅第二十四代王，五四〇～五七六年在位。
③ 出自《三國史記・雜志第一》。

國人似乎無法忍受別人頤指氣使，試圖控制自己的行為。

自由自在的表達被認為是韓國音樂的重要特徵。舉例來說，日本千年前的演奏法和現在沒有太大改變，而在韓國，即使是同一首樂曲，其演奏方法也會隨著時間產生顯著的轉變。國樂學者李惠求先生主張，這種特性恰恰符合韓國人的心性。

我在想，韓國音樂的特色或許就在於自由奔放、俚俗粗鄙且隨心所欲的表達，以及毫不掩飾自己，沒有特殊技巧，展現最眞實的樣貌。韓國人非常討厭按照老師教的去做，所以即使被要求做出一模一樣的東西，韓國人也不會做出相同的東西，這似乎就是韓國人的個性……怪不得韓國人性格鮮明，總要照自己的意思才甘願，如果照別人的指示去做，就沒辦法做好，這就是韓國人的心性。

韓國弟子不願對老師言聽計從，而且就算弟子原音重現老師的音樂，也得不到老師的認可。老師會說：「現在你已經學得差不多了，接下來尋找你自己的音樂吧。」

老師無法用同一套教法教每一名弟子相同的曲調，每個弟子也不能都以相同的模式教育，而是要根據該弟子的能力因材施教，這點和家元截然不同。韓國教授傳統音樂的方式，可以總結如下：尊重每一位弟子的個性，藉由讓弟子主動尋找個人曲風的過程，使其成為獨當一面的音樂家。

除了音樂領域外，這種思維偶爾也能在其他領域看見，例如將韓國圍棋帶向全盛期的九段棋士李昌鎬及其恩師九段棋士曹薰鉉。據說李昌鎬第一次贏過老師的那天，曾說：「如今總算報答了老師的恩惠。」唯有弟子最終超越老師，創造自己的時代，才能成為一位名人。

日本式的傳承和韓國式的傳承，各有其優缺點。由於嚴格的傳承體系，日本被認為是世界上最固守傳統的國家之一。許多前往日本的國際旅客，總會驚訝於日本歷久不變的古樸。相較於只要經過一兩年，天際線就會改變的韓國景色，日本在這方面確實有其獨特優點。

反之，韓國的傳承體系是最適合互助和整合的方式。因為當人們認為自己已經具備一定的基礎，就會忙著發出自己的聲音。想要和別人做出區別，就必須挑戰別人至今從未有過的嘗試。我認為韓國的優點在就在於此。

彌勒菩薩的韓國VS地藏菩薩的日本

佛教傳入東亞已有千百年的歷史，為人類的心靈帶來巨大的影響。不過東亞各國吸收佛教的面貌並不相同，這或許是因為人們渴望透過佛教看見的事物以及對佛教的期待不盡相同吧。

韓國和日本的佛教在形式上與內涵上差異極大。學術方面的說明留待下次機會（等我再多學習），今天我想談談兩國民眾最切身感受的佛祖故事。

韓國有許多彌勒菩薩。彌勒菩薩尤其深受人們的尊崇，除了供奉在寺廟裡的彌勒菩薩外，任何人跡所至的地方，例如路邊、田邊、山邊等地，都能見到佇立的彌勒石像。人們走在路上，或是趁著田間工作的空檔，或是上山伐木的時候，總會向那裡的彌勒菩薩祈求小小的心願。

日本則有許多地藏菩薩。去日本旅行過的人，除了寺廟外，應該也常看見村莊入口或路邊的石像，那便是地藏菩薩。日本人稱地藏菩薩為「お地蔵様」，就像韓國人對待彌勒菩薩一樣親切。

與其說兩國的這種文化受到佛教的直接影響，不如說是當地文化和佛教融合的結果。因為百姓尋找能寄託願望的地方，是相當普遍的行為，與特定宗教沒有關聯。

但是為什麼韓國是彌勒菩薩，日本是地藏菩薩呢？為了解開這個答案，我們先來看彌勒菩薩和地藏菩薩的本質。

彌勒菩薩是未來佛，祂從未來來到這個世界拯救人類。在韓國歷史上，每當百姓生活陷入困頓，彌勒信仰就會大為盛行，一些人便趁此機會宣稱自己是彌勒菩薩再世。後高句麗的開國國君弓裔，即是其中最具代表性的人物。另外在朝鮮肅宗朝，也有一位名為呂還的僧侶，自稱彌勒菩薩再世，企圖滋事生亂。

人們相信彌勒菩薩是在艱困的時代拯救自己的救世主，從韓國「埋香」的習俗中，也能一窺彌勒菩薩作為救世信仰的地位。在韓國的海岸邊，經常能看見「埋香里」的地名。

埋香是指將檀香木埋在泥灘裡，等待彌勒菩薩降臨的儀式。將檀香木埋在河海交界的泥灘裡，數百年後就會成為沉香，人們再將沉香獻給彌勒菩薩。這項習俗始於三國時代，直到高麗末期、朝鮮初期由百姓主導，從這項習俗可以感受到百姓早已厭倦現世生活的殷殷期盼。

除此之外，一些與百姓期待改變現世的願望有關的佛祖，例如雲住寺的臥佛或禪雲寺兜率庵的摩崖佛等，也大多是彌勒菩薩。據說東學黨起義[①]時，農民軍為了尋找隱藏的祕笈，

---

① 韓國十九世紀末期反抗貪官汙吏與外國勢力的農民運動。

還曾經挖開兜率庵摩崖佛的肚臍。

那麼地藏菩薩的本質是什麼？地藏菩薩是在彌勒菩薩降臨前，負責管理這個世界的佛祖，同時也管理（？）陰間。各位都知道，地藏菩薩發願拯救地獄的眾生，選擇進入地獄，放棄成為佛祖。因為尚未成佛，所以人們稱祂為地藏「菩薩」。

韓國地藏菩薩的形象大多像僧人一樣，留著灰青色的和尚頭，手拄六環錫杖，一手握著念珠；而日本地藏菩薩則是抱著孩子，或者直接是戴著圍兜、頭巾等配件的童子形象。由此可以看出日本地藏信仰的特徵。

日本人相信，人死後靈魂會前往山上，而地藏菩薩通常佇立在村莊的邊界。由日本人對內、外的觀念來看，村莊內是活人居住的地方，村莊外則是死亡的世界。在亡者必經的村莊邊界上，立著拯救亡者的地藏菩薩，自然是理所當然的事。

韓國人也會在村莊邊界矗立圖騰，那正是「長丞」。長丞是一對天下大將軍、地下女將軍，祂們被認為是佛教傳入之前，傳統信仰當中的土地神。祂們站在村莊入口，阻擋厄運，守護村莊的安寧。

當然，地藏菩薩也有與此類似的功能。地藏菩薩不僅是村莊守護神，也是引導亡者靈魂的神，差不多在十二世紀由僧人轉變為童子的形象。日本人將童子形象的地藏菩薩，暱稱為「お地蔵さん」。

其中以紅帽或圍兜等配件裝飾的地藏菩薩，稱為「水子地藏」，水子是指由於胎死腹中或流產等原因，未能順利誕生的嬰兒。一想到父母盼望著死去的孩子能去往美好的世界，不禁令人心碎。

因此，地藏菩薩在日本有引導亡者（尤其是小孩）靈魂前往極樂世界的意涵。拯救亡者靈魂本就是地藏菩薩的使命，在韓國也能見到不少地藏菩薩。一般寺院都會有供奉地藏菩薩的冥府殿。

在日本，地藏菩薩的原始功能展現在各個村落都有的追思園，不過後來發展出照顧死亡兒童的意義，倒是一大特色。日本經常可以見到穿戴紅色圍兜或帽子的地藏菩薩，這是父母希望自己死去的孩子前往美好世界，也期盼自己活著的孩子健康長大，所創造出來的獨特景觀。

這裡可以看出韓日兩國人民的深層心理。總的來說，韓國人從古至今期待彌勒菩薩降臨，改變這個世界，而日本人希望地藏菩薩能保佑他們死後的安危。從這點來看兩國人民的現實認知與生命態度、問題解決方式等，應該不會是「過度解釋」吧？

韓國存在不少邪教組織，據說也是由於這個原因。在我撰寫這篇文章的同時，韓國某個邪教組織牽扯上新冠肺炎的新聞吵得沸沸揚揚[②]。在現今的韓國，邪教組織的氾濫已經不足

②指二〇二〇年年初新天地教會群聚感染事件。

為奇。

從日帝強佔期的白白教事件，到龍華教、爆發集體服毒自殺的五大洋、引發被提日騷亂的達米宣教會、兒童樂園事件、攝理教，以及牽涉新冠肺炎的新天地等，這些都是耳熟能詳的事件。閨密干政的主嫌崔順實，其父親崔太敏也是自稱「彌勒菩薩」的邪教教主。

邪教的特點在於一開始偽裝成現有宗教的分支，接著在某一刻宣稱教主是該宗教的救世主，從而變質為對教主個人的尊崇。生活困苦的人們期盼救世主出現，立刻拯救自己上岸，而大部分的邪教教主就是利用人們的這種期待。

在二十一世紀的今日，科技先進國家韓國還有這樣的一面。透過這些事件，我們可以發現深植韓國人心，並且持續超過兩千年的文化影響力。

還好嗎？VS 大丈夫？

韓文的「還好嗎？（괜찮아요？）」，相當於英文的「Are you OK？」、德文的「Alles in ordnung？」、法文的「ça va？」、中文的「沒事兒？」、日文的「大丈夫？」這些問候都帶有「好」「普通」「正常」「理想」等的意思。

反過來說，如果深入分析各國帶有「好」「正常」「理想」等意思的詞語，就能推測該國人民認為什麼才是好的、正常的、理想的。

首先是美國「ＯＫ」的來源，最有力的說法是過去記者唸「All Correct」時，唸成了「Oll Korrect」。根據此一說法，可以說美國人認為一切（all）都是正確（correct）的狀態，便是好的、正常的、理想的。

同理，德國人認為一切（alles）都是井然有序（ordnung）的狀態，法國人認為某件事物發揮正常功能（it works？）的狀態，中國人認為沒事的狀態，才是理想的狀態。

那麼，透過韓國人和日本人口中的「還好嗎」，應該也能了解他們如何看待美好理想的狀態吧？

首先，關於韓文「還好嗎（괜찮다）」的來源有兩種說法，一是源於「不是沒來由＝不是平白無故（공연치 않다＝괜치 않다）」，二是源於「與我無關（관계치 않다）」。首先來看「不是沒來由」的說法，去掉否定詞就是「沒來由」。那麼「沒來由」是什麼意思呢？查詢字典，「沒來由」就是「無端、沒有理由」。

那麼，「不是沒來由」就是「有某些理由或原因」吧。問跌倒的人「還好嗎？」就是問對方跌倒「是否有什麼原因？」這樣的說法似乎還算合理。

接著來看「與我無關」的說法。「與我無關」就是我不插手那件事、我不在意那件事。換言之，問對方「還好嗎？」就是問對方「你在意那件事嗎？」如果回答「還好」，意思就是「我不在意」。這聽起來也很合理。

那麼，韓國人認為的「好的」「正常的」「普通的」「理想的」狀態，也就是第一，某件事有其原因或理由的狀態，或者第二，沒什麼事情好在意的狀態。

日本又是如何的呢？日文當中的「還好嗎」，就是日本電影或動畫中經常可以聽見的「大丈夫」。如果有誰摔倒，人們就會上前詢問：「大丈夫？」

大丈夫是指健康的成人男性。丈是長度的單位，以過去的標準來看，一丈大約一・七公尺，接近成年男性的身高。在漢字文化圈當中，將成年男性稱為「丈夫」，尤其將健康、強壯的男性稱為「大丈夫」。

根據日文專家的說法，日本一開始傳入「大丈夫」一詞時，可能就是「健壯男性」的意思，之後衍生出「非常強壯」「非常健康」等詞義，因而有了「沒錯」「確實」等的意思。換言之，在日本文化中，大丈夫被認為是好的、正常的、理想的標準。我們可以合理推測，在過去武士（さむらい）為統治階層的日本，健壯的男性大丈夫應是理想狀態的標準。

但是，當表示「健壯的成年男性」的大丈夫，上升為一個社會的理想標準時，意味著該社會中的其他人，例如女性或兒童、老人，也會被要求相同的標準。換言之，任何人都必須像大丈夫一樣堅強，像大丈夫一樣健壯才行。

其實日本人不分男女老少，所有人都在使用「大丈夫」這個問候。當然，目前「大丈夫」的意思只用在問候對方「還好嗎」，不過我們必須留意，語言是構成人們思維的重要材料與媒介。

對於非成年男性的其他人，也同樣要求他們表現出大丈夫的行為模式，這代表該社會存在著一套人們必須遵守的強大的外在標準。日本人為了成為大丈夫，或者為了表現出大丈夫的形象，想必承受了不小的心理壓力。

例如他們必須像個大丈夫一樣克制情緒的表達，像個大丈夫一樣完成自己應盡的義務，甚至是遭遇有損名譽的事情時，必須像個大丈夫一樣感到羞恥。

那麼韓國的這句「還好嗎」，隱含著什麼樣的意義？前面曾經提過「還好嗎」的來源，

有「不是沒來由＝不是平白無故」和「與我無關」兩種說法。從詞彙的型態來看，「還好嗎（괜찮다）」更接近於「不是沒來由（괜치 않다）」，不過站在研究韓國人心理的立場，「還好嗎」的意思似乎更接近「與我無關」「我不在意」。

根據文化心理學的解釋，韓國人具有非常自我中心（主觀）的心理機制。這種傾向讓韓國人更優先考量自身的判斷，而非各種客觀現實。他們認為，就算是我親身經歷的事情，只要我不在意的話（與我無關的話），就不要緊；如果我很在意，那就是重要的事。

從這個觀點來看，對韓國人而言，「還好嗎」可以說意味著「不在意」的狀態。任何事情「只要我不在意」，那個狀態就是「還好」的狀態，不管那件事看起來如何。

也就是說，韓國人在判斷何謂「正常的」「理想的」狀態時，特別強調主觀標準。這樣的特徵和強調「大丈夫」這個外在標準的日本，存在極大的差異。

換言之，如果說日本人認為遵守既定的外在標準才是理想的，那麼韓國人就是認為自己開心就好。或許有人會問，這會不會從「大丈夫」和「還好嗎」扯太遠了？但是正如各位所見，這應該是非常有說服力的論述吧？

韓國人的羞恥VS日本人的羞恥

對文化稍有研究的人，經常把東方看作是「恥感文化（shame culture）」，把西方看作是「罪感文化（guilt culture）」。這是源於人類學家露絲・潘乃德《菊與刀》的思維。第二次世界大戰當時，美國國務院深感了解日本人的必要性，邀請露絲・潘乃德撰寫該書。

由於戰爭期間無法進行田野調查，露絲・潘乃德收集了日本歷史、文化、藝術、神話等各種資料，藉此分析日本文化。這本書至今仍被認為是了解日本最好的書。

根據《菊與刀》的主張，羞恥心對日本人而言是相當重要的價值。日本人感到羞恥的情況大致有三種，第一，接受恩惠卻沒有報恩；第二，義理（ぎり），即應盡的義務沒有完成；第三，因為上述原因遭到他人嘲笑。

以下我將仔細分析三種情況，以利了解日本人的羞恥心。以上三種情況，都和「恩（おん）」的概念有關。接受恩惠卻沒有報恩，就是忘恩負義，這在韓國也是非常大的錯誤，但是在日本文化中，恩惠的意義截然不同。

日本人認為接受恩惠就必須表達感謝，而且一定要報恩。因為必須報恩，所以日本人不願意接受恩惠。如果雙方處於可以施受恩惠的位階關係，倒是沒有關係，問題是關係較疏遠的人或地位低於自己的人給予恩惠時，就是最不自在的事情了。

二〇一一年日本三一一大地震時，日本拒絕接受韓國的捐款和救災物資，原因就在於此。因為日本人不把韓國當作接受恩惠的對象，所以不願意接受韓國的好意。

露絲・潘乃德認為「恩」是被動接受的義務，接受恩惠的人會有必須回報（恩返し）的虧欠感。「恩」有幾個層次，最高層次的恩惠是來自天皇、主君、父母、老師的恩惠，回報這種恩惠是「義務（ぎむ）」，但是這種恩惠沒有回報的期限和上限，再怎麼努力也難以回報。所以對這些人服從、盡忠是理所當然的，無論受到他們什麼樣的對待，人們都必須盡到報恩的「義務」。

比義務程度稍微輕一些的，稱為「義理」，只要將自己接受的恩惠等量償還就可以，回報對方的期限也相對有限。社會學家南博將義理的概念定義如下：「義」是社會成員各自判斷「應當那樣作為」而做出的表現，「義」的道理就是「義理」。

雖然韓文當中也有漢字詞「義理」，但是韓國的義理通常用於「朋友之間獨特的情誼」，例如「我被老師罵，你卻自己逃走，真沒義氣」，或是「大家朋友一場，你們卻自己去吃好料的，真沒義氣」。

南博將義理區分為對「世間（せけん）」的義理和對個人名譽的義理。「世間」即是人世間，指的就是周遭的人。我們在生活中會遇見的所有人，例如共同體的成員或鄰居、親戚、好友等，都屬於「世間」。日本人認為自己的存在有賴於人世間的恩惠，所以有義務加以回報。

在任何情況或原因下，都必須根據自古以來約定俗成的，以「應當那樣作為」的規範自處，這才是報答人世間恩惠的方法。不侵犯他人的領域或造成他人傷害、遵守秩序和規則等，這種日本人最典型的面貌，可以說就是對人世間的義理的展現。

最後是對個人名譽的義理，受到他人侮辱或指責時，有義務洗刷這個汙名。例如日本人在比賽中大敗時，會因此感到羞恥。這是沒有守護好對個人名譽的義理。雖然有些人會為了贏回自己的名聲而奮發向上，但是更多情況是從此一蹶不振。

對此，日本制定了各種禮節規範，以避免對個人名譽的義理可能造成的問題，或是因此引發羞恥感的情況。即便如此，人們依然有感到羞恥，就必須立刻洗刷恥辱的義務。

羞恥心是強大的內在控制機制，為了避免羞恥，人們會主動做某件事或不做某件事。日本文化便是這樣以成員的羞恥心維繫至今。這正是恥感文化。

那麼韓國又是如何？日本是恥感文化，所以同屬於集體主義文化的韓國也是恥感文化嗎？

在韓國，世人的目光或毀譽當然也是影響個人行為的重要因素。韓國人善於察言觀色，也盡量避免丟臉或貽笑大方的行為。不過，我認為韓國的羞恥心和日本的羞恥心並不相同。原因在於感到羞恥（羞愧）的對象。當然，對他人感到羞愧（丟人）也的確是韓國文化中的一環，但是更重要的是，韓國人並不是因為他人而感到羞愧。

韓國人自古以來就希望自己的行為不要愧對「上天」「聖賢的教誨」「祖先」「父母」「子女或後人」。在韓國歷史劇、電視劇、網路留言中，經常可以聽見或看見「我沒臉見祖先」「我有什麼臉去見祖先」「你在子女面前不覺得丟臉嗎」「你在後代面前抬得起頭嗎」等等的說法。

韓國人遵守的是規矩或道理，而非義理。規矩或道理是比世人目光更普遍的價值。聖賢的教誨是超越時代的普世準則，而上天、祖先、後代也都是任何時空下都應遵守的道理。追求普世真理的人，其行為特色在於根據此一真理所提示的標準，不斷反省自己的不足。韓國人確實很常反省，在網路報導或各大論壇的留言板上，經常可以看見網友要求對某件事「反省」的留言。

在這些留言中，當然也有要求肇事者反省的言論，不過更多的是「我們應該要切身反省」的自我反省言論。例如活動結束後，如果路邊留下垃圾，人們就會檢討劣質的公民意識；出現政治人物打架的報導，人們也不會忘了檢討選出這些人的公民政治意義。

當我們說到「理想的公民意識」「政治眼界」時，指的不是某個人的目光，而是所有人必須共同追求的普遍真理。雖然有時理想的目標設定在特定「已開發國家」（例如「要成為已開發國家，我們還差得遠！」的說法），但是在政治、經濟、社會各方面都完美的「已開發國家」並不存在，所以對韓國人而言，「已開發國家」正意味著普遍的真理，堪比自古以來「聖賢的教誨」。

韓國人自我反省的原因，簡而言之就是為了成為「更好的人」。這難道是因為儒家的普遍真理滲透韓國人內心的時間，要比日本更長嗎？韓國人認為以普遍真理反思自己、修養自己，是可取的行為。儘管反省的過程是痛苦、難受的，但是渴望成為更好的人是有價值的。存在的欲望、自我實現的欲望，並非遠在天邊的事情。

對普遍真理的追求，激發人們生出創造美好社會的欲望。因為追求普世價值的人們（例如儒生、君子），有義務創造一個更好實現普世價值的社會。「修身齊家」之後，不就是「治國平天下」嗎？

或許是因為這樣，韓國人三三兩兩聚在一起，就會聊到政治。聊某某政治家做錯了什麼，那樣做不對，或者某個政策是錯誤的政策，一定要那樣做才可以，越聊越熱烈。對韓國人而言，政治不是政治家的特權，而是個人的抗爭，用來實現自己認為正確的價值。

一旦違背了國法（普遍真理），即使是國王，也免不了臣子們的指責，這就是韓國。即使被施以酷刑，帶著烙印在貶謫地終老，朝鮮的儒生仍義無反顧要求國王遵守道理。因為他們認為，國王不過是代替上蒼實現天理的人。

對普遍真理的追求，促使人們發起行動。看見有違道理的事情，韓國人不會坐視不管。在國家面臨危急存亡之際，韓國人發起義兵、獨立軍，儘管遭到拷問、被催淚彈攻擊，依然義無反顧走上街頭，這些人心中懷抱的普遍真理，就是「留給後代的美好世界」。

那麼，在普世價值行不通的地方，人們感受到的羞愧似乎可以理解為罪惡感，而不是羞恥心。法律哲學家瑪莎・納思邦（Martha Nussbaum）將「罪惡感」定義為「自我懲罰的憤怒」，意思是自己做錯事而對自己感到憤怒。憤怒不會引發逃避，而是積極行動，行動又將帶起某些改變。當我們的行為不符合社會標準時，內心產生的羞恥心，與這樣的罪惡感是性質完全不同的情感。

憤怒的韓國人VS厭惡的日本人

日本書店擺滿整個角落的「嫌韓」書籍、街道上高聲吶喊的反韓示威隊伍、有線電視台等廣播和媒體連日來對韓國的攻擊……反韓已是日本文化中不可否認的一種現象。雖然日本民眾不是沒有反對的聲音，不過這種現象仍不斷在日本社會上演。對日本人而言，厭惡的情緒究竟具有何種意義呢？

自古以來，厭惡就是為人類生活帶來極大影響的情緒，它伴隨著噁心、嘔吐等強烈的身體反應。強烈的臭味和令人作嘔的外觀，例如排泄物、屍體、腐爛的食物或蟲子等，是刺激厭惡情緒的原因。

社會關係的運作，就是想盡各種辦法避免令人厭惡的事物。自古以來，衛生一直是人類社會的重要課題。因為如果不將人類生活空間中令人不適的物質清除，就會立刻長蟲或滋生傳染病，使得人類死亡，整個社會可能因此瓦解。

在一個社會的習俗中，必然會有對某個對象感到厭惡，或是應付這個對象的方法，而大部分的社會都會教導人們遠離令人厭惡的特定團體，或是身上帶有汙染物的人。因此，厭惡情緒本身確實某種程度有益人類的生存與社會的維繫，這在今日也是如此。在猥褻罪等各種法律制度中，厭惡情緒也是重要的判斷依據。

厭惡在人類社會中普遍存在，但是厭惡從最初的排泄物、屍體等對象，擴大到其他的對象時，這個過程便展現出不同社會之間的極大差異。這正是文化發揮作用的地方。

近來，厭惡在韓國社會也逐漸成為重要的社會問題。其中，在某個對象後面加上「蟲」字的用法，便是一種歷史悠久的厭惡表現，源於對蒼蠅、蛆、蚊子等長久折磨人類的毒蟲的厭惡。

儘管日本的厭惡和韓國的厭惡在本質上相同，表現出來的行為卻大不相同。如果說韓國的厭惡是針對一切萬物，不分世代、性別、階級、政治立場，那麼日本的厭惡就是針對韓國等特定國籍的人民。

在這篇文章裡，我將以學者對厭惡情緒的研究為基礎，探討韓日兩國人民對厭惡的思維差異。

法律哲學家威廉・米勒（William Miller）認為，厭惡的核心概念在於對待傳染的態度。厭惡的基礎在於恐懼，人們害怕噁心的物質進入體內，可能引發嚴重的後果。德國文化學家門格豪斯（Winfried Menninghaus）將厭惡擴大到對他人的態度上。簡單來說，厭惡情緒還結合了「絕對不與他人同化」的想法。

因為人類有區別自己和他人的欲望，所以那些過於怪異，也就是和自己大不相同的人，便容易成為厭惡的對象。人們不希望和他們親近或被他們同化，甚至擔心他們可能汙染自己。

在歷史上存在過的社會，都利用厭惡之類的強烈情緒，將內團體和外團體區分開來，以凝聚內團體的團結感。這就是厭惡在人類歷史上持續發揮的實質功能。

另外，人們可以藉由厭惡有效逃避現實中難以承受的生活問題。第一次世界大戰戰敗的後遺症和經濟大蕭條，使得德國人處於艱困的生活之中，而促使他們重新振作起來的，正是對猶太人的厭惡；三一一大地震後受到巨大衝擊的日本人，則是將目光轉向朝鮮人。

現在，我將繼續深入厭惡情緒的本質。根據心理學家保羅・羅辛（Paul Rosin）的主張，厭惡和忌諱（感官因素引發的負面反應）或危險（預期有害結果而出現的抗拒反應）不同。首先，當事人會因為對某個事物的認知而引發厭惡情緒，在這點上厭惡和單純的忌諱不同。

實驗人員讓人們嗅聞起司的氣味，告訴其中一組這是起司的氣味，告訴另一組這是糞便的氣味，結果那些認為他們聞到起司味的人感到愉快，而認為他們聞到糞便味的人感到不悅。引起人們厭惡反應的，並不是氣味帶來的物理刺激，而是人們原先對氣味的認知。

此外，厭惡也與危險不同。毒香菇之類的危險物質，只要不把它吃下肚，依然可以和它相安無事，但是令人厭惡的物質即使去除了危險因子，依然令人厭惡。無論消毒得多徹底，只剩下養分，我想也不會有人樂意食用糞便製成的替代食物。

換言之，厭惡和感官上的忌諱或感知的危險無關，單憑對某個事物的認知，就能引起厭惡的情緒。而對特定事物的認知，大多與該社會的文化背景息息相關，並且透過教育和學習代代相傳。

根據心理學家的分析，兒童在獲得至少一定程度的語言能力後，就會體驗到何謂厭惡。至少三歲以前的幼兒並未出現厭惡的情緒。當然，人類從出生開始就會出現對苦味的反感。不過這個年齡的厭惡，和忌諱或對危險的感知並沒有區別。

大約在四歲以後，厭惡的情緒逐漸成形。這不是說到了四歲，人類就會擁有完整的厭惡情緒，而是兒童會呼應父母的信號，最先學到忌諱，接著不斷經歷父母和他人的厭惡，從而具備完整的厭惡情緒。

也就是說，厭惡情緒是透過人際互動，從父母或該社會成員那裡學來的結果。厭惡情緒透過複雜的社會關係網絡擴展至其他對象，形成了一種文化觀念或文化態度，其中也包含了對特定對象的禁忌或行為模式。

日本人對厭惡尤其敏感的原因，首先可以從日本社會對內外區分相當敏感這點來看。如前所述，厭惡是有關個人身體內外界線的概念。覺得有問題的、骯髒的、令人不悅的物質可能進入我們體內時，心中便會產生厭惡的情緒。

將與自己有關的事物劃分為「內（うち）」，除此之外的事物劃分為「外（そと）」的日本人，似乎對外在的一切懷有根深蒂固的恐懼。因此，日本人容易對於本該在外，卻由外進入的事物感到厭惡，也很容易表現出厭惡，自然有其文化背景。

第二，厭惡和羞恥經驗有關，哲學家瑪莎·納思邦將厭惡定義為「原始的羞恥心及對此出現的攻擊反應」。人類懷有對自尊的欲望，渴望高度評價自己。一旦這種欲望遭到外在因素打擊，就會感到羞恥，所以羞恥是有關「控制欲望」的情緒。

當人們控制不了自己本該控制的事物時，自然會出現羞恥的情緒。心理學家艾瑞克森將兒童進行排便訓練的時期稱為「主動性 vs 內疚感」，是有理由的。瑪莎·納思邦認為，當人們感到羞恥時，就會試圖找回控制感，甚至可能出現對他人的貶低和攻擊。

正如露絲·潘乃德在《菊與刀》當中所提到的，日本是典型的恥感文化。人們有義務在合適的位置（座ざ）上做該做的事情，如果未能善盡自身的義務，就會感到羞恥。

在日本文化中，擺脫這種羞恥感的方法，就是忍辱負重恢復名譽，或是乾脆「割腹（せっぷく）」自我了結生命。如果恢復名譽不易，又不能自殺的話，那就別無他法了。

唯一的辦法便是對他人的攻擊。雖然在傳統日本文化的規範中，並不允許對他人做出攻擊行為，但是被劃分為「外團體」的人另當別論。這也就是日本人的厭惡主要表現在外國人身上的原因。日本人自己或在自己所屬的內團體感到羞恥時，便會對其他團體表現出歧視或厭惡，藉此擺脫自身的不安。

綜觀泡沫化之後長期停滯的經濟、尚未平復的三一一大地震的衝擊、福島核輻射、曾經鄙視的韓國快速發展等事件，近來日本日益嚴重的反韓，會不會是日本人為了擺脫未來可能受辱的不安，而不得不做出的選擇？

讓我們回過頭來看看韓國。如前所述，韓國也有許多和厭惡有關的現象。韓國的厭惡與其說是對特定團體的歧視和輕視，不如說是一種憤怒的宣洩。

另外，厭惡一般是掌權團體對少數周邊團體的歧視，不過韓國的厭惡在對象和方向上千差萬別，可以說就是「所有人對所有人」的厭惡。所以從我的立場來看，這應該視為「憤怒」，而非厭惡。

根據瑪莎・納思邦的分析，厭惡和憤怒是截然不同的情緒。如果說厭惡是抗拒某種可能汙染自己，讓自己不舒服的對象，那麼憤怒主要是針對不正當或有害的想法。換言之，憤怒是源於自己遭遇不公不義的認知。

這讓我聯想起另一種文化情感，那就是「鬱卒」。鬱卒被認為是韓國文化精神病——心火病的原因，可以解釋為「對不公不義的憤怒」。觀察韓國社會主要的厭惡現象，例如世代、階級、性別等，最後會發現都是對方擁有的「既得利益或特權」，引起韓國人最大的憤怒。這樣的憤怒，源於對方「不當」擁有我所無法擁有的事物。

說到底，厭惡和憤怒都是源於渴望獲得「控制感」的情緒。厭惡是將他人視為輕蔑的對象，並予以歧視，而憤怒就是以自己受到不當對待的想法去攻擊他人，試圖找回失去的控制權。但是厭惡和憤怒的結果並不相同。

瑪莎・納思邦認為，憤怒有可能成為抵抗或建設性參與的動機，但是厭惡很容易演變成逃避或放棄。因為厭惡本質上是假設我和別人之間有一道界線。厭惡的結果是讓對方消失，或者至少對方被區隔開來，不會對我造成傷害。日本有句俗話說：「家醜不可外揚（臭い物に蓋をする）。」其中似乎隱含著各種意義。

但是憤怒的主體是我們自己，對那些讓我們經歷不公不義的人生氣，確實有可能解決自己所經歷的不公不義。從這個意義來看，我希望近來在韓國社會中急遽擴散的厭惡（或者說是憤怒），可以成為對抗那些造成不公不義的原因的力量，並且促進人們建設性的參與，共創更加美好的社會。但願如此。

韓國的協調 VS 日本的「和」

「集體主義文化下的人們，通常優先考量團體內部的和諧。」這是跨文化心理學中廣為使用的解釋。因為重視團體內部的和諧，所以看重多數人的意見（韓國的眼色 VS 日本的「讀空氣」），不會在公眾的情況中展現負面情緒，也不會在他人面前炫耀個人的成就。

韓國和日本是頗具代表性的集體主義文化圈中的國家，韓國人和日本人也的確認為團體內的和諧相當重要。但是正如我多次提及的，即使擁有相同的文化，也不代表原理或型態相同。

我曾經告訴各位，文化的目的在於成員的生存與社會的維繫，所以文化的演化和生命的演化頗為相似。因此，文化在根據各自所處的環境、歷史條件演化的過程中，會因為不同的原因而具備相似的型態。就像進化論的型態趨同（Morphological Convergence）概念一樣。

和諧的意義也是如此，和諧譯為英文的harmony。不過各個文化中的人所追求的和諧意義，存在著微妙的差異。首先在個人主義文化圈中，和諧的意義可以由西洋音樂推敲出來。

正如各位在音樂課上學到的，西洋音樂由節奏（rhythm）、旋律（melody）、和聲

（harmony）三大要素構成。其中和聲harmony源於希臘語的harmonia，指的是歌曲中各種聲音同時響起的和音。

和音是由不同音階的音同時響起所組成的和諧，此時響起的多重聲音不再只是單音，而是一段和音。雖然不能直接下此定論，不過我認為這裡或許可以看出西方文化中所認為的和諧（harmony）的意義。

換言之，在西方文化中，和諧指的是彼此不同的個人在扮演各自角色的同時，卻又形成了一定的秩序，就像不同的音交織成新的和音一樣。

相較於重視團體的東方文化，西方文化中的個人是所有判斷與行動的主體。從某方面看來，這要達成和諧並不容易。因此，為了讓獨立的個人實現和諧，就必須嚴格要求角色的分配和隨之而來的責任。

在重視和聲的西洋音樂中，不可能發生演奏者任意演奏其他音的情形。所有人都必須在固定的位置上扮演好自己的角色，才能完成一場和諧的演出。這是西方個人主義文化中和諧的意義。

那麼集體主義文化又是如何呢？在日本，傳統概念「和（わ）」代表了社會的整合與和諧。「和」是古代日本文化奠基者聖德太子所強調的思想，被認為是日本在四面環海、無處可逃的地緣政治條件下，以及在崇武文化下，衍生出的維繫社會秩序的思維。

日本的「和」是以全體為優先的和諧，個人被要求在群體中扮演螺絲釘的角色。以公司內部為例，「和」是指所有人在身為公司一員的共同意識下，帶著相同的目標和價值觀，有條不紊地朝同一目標邁進。

如果說西方的和諧（harmony）是個性不同的個人，為了某個目標而組成群體，暫時扮演被決定好的角色，那麼日本的「和（わ）」就是為了達到群體設定好的目標，而持續控制個人的行動。

在這種氣氛下，表現個人行為或坦露真心可能相當危險。在日本，破壞「和」的行為事實上被認為是嚴重的擾民行為，做出這種行為的人自然會受到霸凌（いじめ）。

因此，日本人一直以來都明確區分真正想法的「本音（ほんね）」和社交態度的「建前（たてまえ）」，分別發展這兩種性格。日本文化同時具有集體主義面貌和個人主義面貌的原因，就在於此。在集體（團體）優先的情況下，日本人會立刻做出集體主義的行為。反之，在反抗這種氣氛或不需要如此的情況下，則表現出非常個人主義的特性。

那麼，韓國的和諧又是如何的呢？許多人認為韓國最根本的問題在於缺乏團結。別的不說，光是看網路，就能發現人們用各種可以想像得到的標準結黨分派，形成進步對抗保守、勞工對抗資方、男人對抗女人、老人對抗年輕人的現象。部分學者甚至提出誇張的分析，認為韓國音樂沒有和聲，所以韓國人才無法團結。真的是這樣嗎？

可是在韓國，確實也存在著和諧的概念，那就是「協調（어울림）」。就像和諧（harmony）一樣，協調也可以從音樂中發現其意義。韓國國樂學者崔鍾敏曾表示，韓國音樂的和諧在於「聲音的協調」。

韓國音樂沒有和聲，而是在多種節奏（rhythm）的基礎上完成旋律（melody）。雖然沒有和聲，但是音色的差異和演奏方法的差異等，構成了韓國音樂特有的協調。

崔鍾敏老師以下的比喻，有助於我們理解西方音樂和韓國音樂的和諧概念。

西方人想要畫出綠色的時候，首先會在畫布上塗上黃色，然後在上面塗上藍色。如果想要呈現更多變化的顏色，只要在塗好的顏色上繼續塗上另一層顏色，就能得到想要的顏色。因爲塗上好幾層顏色，融合爲單一的顏色，所以看不到個別的顏色，只能看見不同顏色組成的整體顏色。西洋音樂的和聲，和西洋畫當中融合色彩的道理是一樣的。西洋音樂讓不同的音交融在一起，創造出整體的旋律。當許多的音組成單一的和音時，各種樂器發出的不同聲音幾乎消失，只留下單音所構成的集合體的旋律。雖然保留了整體性，卻失去了個別性。

韓國繪畫的情況恰好相反。韓國繪畫沒有塗上另一層顏色的畫法，也沒有去掉個別存在的單一顏色，使其轉變爲另一種顏色的畫法。韓國繪畫只分別塗一種顏色，透過這

> **種方式達到整體顏色的統一和協調。不僅韓國山水畫是如此，建築上的丹青也是如此，七彩韓服的上衣更是如此。女生的韓服就算是藍色裙子和黃色上衣的搭配，也是非常自然的。如果西裝的顏色搭配是這樣，肯定會相當奇怪。韓國使用顏色的方法既保留了個別性，同時又創造了整體性，所以個別性和整體性同時獨立存在。**

協調的意義可以概括為「整體性」和「個別性」這兩個關鍵詞。如果說西方的「和諧（harmony）」或日本的「和（わ）」，是去除個別性以追求整體性的方式，那麼「協調（어울림）」就是個別性和整體性共存的方式。我們或許可以用社會心理學的去個人化（deindividuation）和去人格化（depersonalization）概念來理解。

去個人化是指在一個群體下，個人喪失了個性，只作為群體一員活動的情況。當然，用去個人化來解讀西洋音樂，似乎有些牽強。我們可以用第二次世界大戰當時德國或日本極權主義的情況來理解就好。

反之，去人格化和去個人化不同，是指個人主體性並未在群體中喪失，即使在群體之中，依然能透過各種現象確保自我主體性和個別性的狀態。從體育賽事中支持特定隊伍的群眾身上，可以看見這樣的表現。

由此看來，協調似乎可以定義為「去人格化的和諧」。儘管每個個體都發出自己的聲音，卻在整體上達成了協調。表面看來雖然格格不入、亂無章法，當中卻存在著一定的規律和發展。

不過即使是彰顯自己的個性，也不表示可以恣意妄為。在自由表現自我和遵守群體規範之間，有一條模糊的界線，在這條線上來回遊走，正是協調的絕妙之處。最具代表性的韓國料理拌飯，可以說就是這種協調的象徵。將各種蔬菜和肉、雞蛋、飯、麻油、辣椒醬等所有食材拌在一起，不僅能創造出新的滋味，也不會失去各個食材原本的滋味。

壽司作為著名的日本料理，令人印象深刻。薄切生魚片不與米飯混在一起，兩者之間有著明確的界線。另外像豬排丼飯、天婦羅丼飯等丼飯類料理，也是如此。當然，所有食物進到肚子裡都是一樣的，不過透過這些料理，似乎能一窺日本人任何事情都喜歡明確劃分的特性。就像前面所說的整體和個人一樣。

弒父的韓國VS無法弒父的日本

工業革命和資產階級革命（bourgeois revolution）兩大事件，揭開了近代的序幕。如果說工業革命是讓人類脫離大自然（天神的象徵）的控制，開啟了人類的時代，那麼資產階級革命就是打破天神賦予少數人類的威權，開啟了所有市民當家作主的時代。

在心理學當中，尤其是心理動力理論，將這個過程解釋為弒父的動機。「弒父」是普遍出現在世界各地的神話、傳說、童話與民間故事中的主題。最為人熟知的，就是伊底帕斯（Oedipus）神話。這個弒父娶母的希臘肥皂劇，堪比今日灑狗血的韓國電視劇。

當然，在現實生活中，弒父相當於殺害直系血親尊親屬罪，是需要加重刑責的犯罪。伊底帕斯在意識到自己的罪刑後，不也親手挖去雙眼，一生在流浪中贖罪嗎？

弒父是一種隱喻。父親是指當前社會的秩序和威權。換言之，殺死父親，意味著拒絕過去的秩序和威權，開啟嶄新的世界。就像奧林帕斯（Olympus）眾神之首宙斯殺死自己的父親克羅諾斯（Cronus），開創自己的時代一樣。

弒父也是建立自我主體性必經的過程。據心理動力理論學家拉岡所言，孩子藉由弒父的行為，可以進一步邁向獨立自主的人生。父親是限定與控制孩子欲望的角色，只有戰勝這樣的父親，孩子才能用自己的目光和意志看待世界，面對未來的生活。

因此，從心理動力理論的觀點來看，「近代」可以說是子女弒父後開啟的新時代。原本服從神（大自然）的命令，服從神賦予的威權的父親，被主張理性（科學）和自由意志的子女一腳踢進了歷史的後巷中。

對於近代的態度，韓國和日本有著本質上的不同。文化心理學家金珽運認為，日本是「不殺死父親」而開始新時代的國家。日本從未打破既有的威權，建立新的秩序。推動明治維新，開啟近代日本的，其實是既有的統治階級。他們希望在過去的威權上建立新的時代，而他們的後人也完全遵從父親的教誨。

儘管日本在社會體系和輪廓上仿效歐美，然而推動這個體系的統治者，內心卻依然停留在舊時代。即使第二次世界大戰戰敗，美國軍政府主導各項社會改革，日本天皇與既有的威權仍不動如山。

其實，日本自古以來就是徹底貫徹「滅私奉公」的社會，他們善於壓抑一己之私，致力於為公犧牲。社會心理學家南博曾說：「用一個詞來形容江戶時代的處世之道，那就是『われなし』。」直譯為「無我」。意思是做人不能「為所欲為」，只能為公共的利益服務。

由於個人事務、私人事務遭到嚴重壓迫，最終造成了自我的匱乏。儘管不少人將日本人描述為個人主義，但是南博認為，這種個人主義面貌不過是「帶著服從的面具，實則趁機滿足一己私利」的自我。換言之，這種自我不是擁有主體性的自我、擁有自由意志的自我，而是被一己私利沖昏頭的自私自我。

根據心理動力理論，子女沒能殺死父親，意味著無法成為一個獨立的主體。開啟嶄新時代的子女，其動力來源於弒父的罪惡感，以及為了克服這個問題而付出的努力和反省。

日本不承認慰安婦、強制徵兵等過去的歷史，反而以被害人自居的行為，是不是因為在他們的經驗方式中，不習慣以主體的角度來回顧自身的行為，只會用客體的角度放大自己「承受」的傷害呢？

那麼韓國的情況又是如何？在過去某個時間點之前，韓國和日本沒有太大區別。韓國也曾經是「無法弒父」的國家。文學博士金昤希表示，韓國傳說、口傳故事、民譚中的主題不是「弒父」，而是「弒子」。

例如遇上饑荒的時候，人們選擇殺害子女（例如孫順埋兒①、童子蔘②等），或是生出可能推翻既有秩序的英雄時，父母和村裡的人為永絕後患而殺死孩子（例如孩子將軍③）等故事。為了奉養父母而活埋孩子的孫順，後來得到國家的賞賜；而殺死日後可能顛覆世界的孩子將軍的父母，也擺脫了成為逆賊父母的危險。

殺害子女的情節，代表對父親所象徵的既有秩序的順從與犧牲。換言之，對於子女的欲望，父親只要求順從與犧牲。在把孝道視為最高價值的韓國歷史上，弒父被認為是難以想像的逆倫行為。這點側面證明了韓國長期以來都奉行著犧牲子女的方式。

但是歷史逼迫韓國人做出不同的選擇。隨著朝鮮被日本強制併吞，既有的一切威權和秩序瞬間被推翻。用心理動力理論的隱喻來看，就是父親被其他人殺害了。

這個殺害父親的他者，同樣否定了子女的存在。對此，子女們不得不為了生存挺身而出。因此在近代以後，韓國人的潛意識中存在著兩種聲音，一個是對無力保護自己的無能父親的否定，另一個是對殺害父親、取代父親位置的他者的否定。

新的父親出現，而子女又殺死父親的情況，在韓國現代史上不斷上演。例如日帝強佔期

---

① 記載於《三國遺事》中的故事，由於當時缺乏糧食，孫順欲將時常搶母親食物的孩子活埋時，發現地底有一口鐘，帶回家敲鐘後，鐘聲帶著孫順一家的故事傳入宮廷，國王深受孫順的孝行感動，每年賜予糧食。

② 從前有一對夫妻奉養老母親（或老父親），老母親久病不癒，此時一名和尚路過家門，告訴夫妻用燙過孩子的水給老母親喝，就能治好疾病。這對夫妻待孩子從書堂回家後，拐騙孩子洗澡，以沸水燙死孩子，並給老母親喝，果然立刻痊癒。隔天真正的孩子才從書堂回來，說昨天在書堂夜讀，夫妻覺得奇怪，一掀開昨天的鍋子，裡面竟是童子蔘。

③ 某天，一對平民夫妻生下腋下有翅膀、可以四處飛的孩子，夫妻認為這個孩子長大恐怕成為逆賊，毀壞家門，於是將孩子殺死。孩子死前要求和黃豆、紅豆合葬。後來官府聽聞此事，派人來抓孩子將軍，不料墳裡黃豆長成馬，紅豆長成將軍，官兵立刻殺死將軍。馬遍尋主人不著，也掉入瀑布內死亡。

下的獨立運動、光復以後引發南北韓戰爭和分裂的思想對立、對抗獨裁的四一九革命④、五一八光州民主化事件⑤、六月民主抗爭⑥，甚至是最近二〇一六年的燭火示威⑦。韓國現代史堪稱是一段子女的抗爭史，他們趕走那些不當佔據父親位置的人，努力成為獨立存在的主體。

不僅是政治方面如此。像是每逢節日就會被提出來討論的祭祀問題、圍繞職場威權文化的老屁股話題、傳統性別角色造成的男女衝突等，也都有關。在韓國，傳統和威權在各種想像得到的方面都受到挑戰。「正義魔人」這個詞不是平白出現的。

日本無法殺死父親，而韓國不斷殺死父親。這句話聽起來確實有些奇怪，不過請記住，弒父只是心理動力理論中的隱喻而已。

有沒有殺死父親的差別，直接影響了看待「改變」的態度。韓國人不斷弒父，努力建構新的秩序。沒有哪個國家比韓國改變得更快的了。正因為如此，在所有受到殖民統治的國家中，韓國是唯一一個躋身已開發國家之列的國家，並且在變化劇烈的世界史潮流中找到自己的定位。

由於在短時間內發生太多變化，所以需要解決的問題也不少，這是韓國人必須面對的課題。儘管表面看起來雜亂無章，內部也有各種雜音，不過韓國人無論如何都會堅持下去的。就像到目前為止所做的一樣。

相反地，沒能殺死父親的子女（例如日本人）則害怕改變。聽從父親較嚴厲、成熟的命令，或許更為安全、輕鬆。但是習慣依賴父親威權的子女，必然難以養成主導個人未來的意志。

當他們遇到需要自我改變的矛盾或問題時，就想躲在父親的背後，或是逃入自己的內在世界。他們缺乏作為主體的自我意識，即使這個社會有問題，也不會提出問題或做出改變；即使自己選出的政治人物不好好執政，也一副事不關己的態度。

一般認為日本人不願承認自己過去的歷史，例如慰安婦、強制徵兵等問題，是由於他們的特殊性所引起——因為無法殺死父親，自然不願面對父親世代的錯誤。從類似的觀點來看，這也可能是因為日本人無法成為歷史的主體，所以在這樣的自我形象下否定過去。所謂的「主體」，是指有能力自主判斷、執行，並且能為此負起責任的個體。

---

④ 一九六〇年四月十九日由學生發起示威，抗議李承晚選舉舞弊，最終推翻李承晚獨裁領導的韓國第一共和國。

⑤ 一九七九年年底，獨裁領袖朴正熙遭暗殺，政府隨即發布戒嚴令，大批民眾上街反對戒嚴令。一九八〇年五月初，韓國多數地區示威已遭鎮壓，光州地區民眾仍持續示威，並要求趁動亂期間掌權的獨裁者全斗煥下台，最終於五月十八日爆發光州事件，造成大量民眾和學生死傷。

⑥ 一九八七年六月爆發的全國示威，要求全斗煥獨裁領導的韓國第五共和國實施總統直選與推動民主化。

⑦ 二〇一六年十月進行至二〇一七年四月的光化門示威活動，要求當時涉嫌貪汙的朴槿惠總統下台。

所有文化都有其存在的原因，日本選擇不殺死父親的文化，也不是任何人可以任意批評的。但是就生活在日本的日本人立場來看，以及和日本休戚與共的韓國人立場來看，當前日本的形象似乎並非雙方所樂見的。

韓國的「知道」VS日本的「知道」

其實我只去過日本一次，那就是二〇〇四年的五天四夜之旅。或許有人會懷疑，只去過日本五天四夜的人，憑什麼寫關於日本的書。其實生活在某個文化中的人，不一定最了解該文化。了解某個文化，和長久生活在該文化之中，其實沒有太大的關係。

露絲・潘乃德在未曾去過日本的情況下，寫出了一本《菊與刀》。我們來看最近的反面案例，在前年與日本的貿易戰爭和這幾年的新冠疫情中，有一些所謂的「專家」提出許多關於日本的錯誤判斷和毫無用處的建議。這難道是因為他們缺乏日本經驗，才會這樣嗎？

這些專家發出危言聳聽的言論，一副如果不向日本屈服，國家就會立刻滅亡的樣子。但是兩年過去了，日本出口限制度對韓國經濟造成的影響，正趨近於零。事實證明，這反倒成為長期以來受日本牽制的韓國企業，得以獨立發展的契機。直至今日，韓國仍在逐漸擺脫日本的影響。

當然，我並非足以媲美露絲・潘乃德的學者，但是我認為自己在理解文化原理和分析文化的能力上，能分清楚個人或政治的利害關係，這比那些明顯帶著惡意和私心來評論文化的某些專家要好得多。而且雖然還不到赫赫有名的程度，不過我好歹也是在文化這個領域耕耘將近二十年的「專家」。

無論如何，在我只去過一次的日本之旅中，印象最為深刻的是，「為什麼一切都分得那麼精細？」我那時候隨身攜帶的手冊上，還寫著這樣的筆記：在人類打造的有形建築中，任何形式的留白或空隙，例如建築物的窗戶、欄杆、屋頂和牆壁之間的空間等，毫無例外都以直線加以區隔。

當時手冊上只有簡短幾條筆記，其他像是「聽說日本很乾淨，但是地上有很多垃圾」「地鐵換乘為什麼這麼複雜？」由此看來，「留白和空隙區分得非常精細」的景象，確實使我留下深刻的印象。

後來有一次，一名晚輩跟派駐日本的丈夫一起回國，向我說起日本的事情，那時我才發現，原來當時對日本模糊籠統的疑問，反而是在我理解日本的時候最本質的部分。

晚輩之前日文不太好，曾把日文的「分かる（wakaru）」說成了「bongkaru」。她說因為有漢字「分」，所以以為可以用韓文漢字的發音讀成「bongkaru」。[①]我也不會日文，所以一開始沒有抓到笑點。

正好家裡有人主修日文，請教了這個問題，原來「分かる」是非常初階的單字，會把這個單字讀成「bongkaru」，本身就非常好笑。我也跟著笑了一會兒，忽然腦中浮現一個奇怪的想法。為什麼日文裡表示知道的「分かる」，會用區分的「分」字呢？

日文的「分かる」有知道、領悟、了解的意思。因為是「知道原本不知道的事情」，用法類似於英文的understand。

語言是存在的家。海德格、維根斯坦等人，都曾指出語言的重要性。在文化心理學當中，語言也被認為是傳達心理經驗的重要因素。但是我們對語言和心理的科學探討，卻非常有限。

這是因為語言的使用從許久以前就是一種習慣，我們就連自己是因為誰而使用，什麼時候開始使用，又為什麼使用這個語言都不知道。因此，語言分析只能高度依賴研究人員的解釋。所以我也試著思考「分かる」這個詞的文化心理學意義。

首先，在表示「領悟」「理解」「知道」的日文詞彙中，出現區分的「分」字，代表日本人所認為的「知道」的概念，和「區分」有著密切的關係。「區分」和「知道」有什麼關係呢？

區分的「分」字由「刀」字和「八」字組成。顧名思義，就是用刀雕刻的意思。從這裡又派生出「分享」「分別」「區分／區別」等各種意思，其中「區分／區別」的意思和「知

① 「分」的韓文漢字音讀為bun，可能是文中晚輩讀錯，或是作者寫錯。

道」或許有某種關聯。

區別事物，使其明確，稱為「分辨」，而將模糊的事物區分出來，加以澄清，事情才能「分明」。換言之，做好「區分／區別」，就能「明瞭」真相。「知道」有各種詞義，而「加以區分，以便明瞭」正是其中一個。

「身分」或「職分」等詞彙，就是加以區分，使其明確的例子。自古以來，人類就區分出階級和職責，讓自己和他人的角色更加明確。人類社會的所有組織和制度，就是在這樣的過程中建立與消滅。「理解」一詞中也有分解的「解」字，由此看來，「知道」似乎也包含了把某個東西解體，加以精細雕刻的過程。

值得注意的是，在日本人「知道」的概念中，這種區分的過程非常重要。所以「知道」一詞才會使用區分的「分」字。我後來找到一個能表現日本人這種認知的例子。

韓國和日本的心理學術語大致相同，不過有幾個相當有趣的差異。其中最具代表性的，就是self的翻譯。西方個人主義文化圈將個人視為獨立的存在，生活在這個文化圈中的人，從小站在客觀的角度觀察自我、定義自我，從而發展出可作為個人行動標準的self概念。

而在韓國和日本等東方集體主義文化圈中，人們不曾以那種方式思考自己，對self的概念相當陌生，必須為此創造新的翻譯才行。因此，韓國利用表示自我的「自」字和代表身體的「己」字，翻譯為漢字詞「自己」；而日本不用代表身體的「己」字，而是區分的「分」

字，翻譯為和製漢語「自分」。

無論是表示自己身體的「己」，還是跟別人不同的「分」，指的都是有別於他人的「我（self）」，不過「己」字和「分」的使用還是不一樣的。如果說韓國人把self看作是「擁有我這個身體的個體」（己），那麼日本人就是把self理解為「有別於其他人的存在」（分）。這裡的「有別」，不是跟別人毫不相干的「獨立（independent）」的意思，它更接近於在與別人的相互依賴（interdependent）中，將自己應當扮演的角色區分出來的意思。（同理，韓國人則是在關係中強調個體的性格。）

在有「分」字的詞彙中，最具日本特色的就是「本分」了。當然，韓文也有本分一詞，不過詞義和使用範圍是日本式的。本分一般指的是在一個社會中，每個人根據其身處的位置做出的合適行為。

社會心理學家南博認為，這樣的本分一天二十四小時箝制著日本人的生活。本分不只有時間上的箝制，其影響力甚至超越了空間。例如部分公司員工在公司外要盡到員工的本分，學生在校外也有應盡的本分，必須做到符合這樣的規範才行。

總之，「區分」可以說是理解日本人心理最重要的概念。由此看來，日本人似乎認為所有事物都區分清楚，才是最理想的狀態。知道總比不知道要好。最直接的案例就是明確區分舞台和觀眾的傳統戲劇、區分「本音」和「建前」的人際關係、忠於個人本分的職業意識等。

那麼韓文的「知道（알다）」，又隱含著什麼樣的意思呢？韓語辭典對「知道」的解釋，是「透過意識或感官來感受（느끼다）、領悟（깨닫다）」。「領悟（깨닫다）」是由「打破（깨다）」和「知道（알다）」組成的詞，解釋起來有點繞口的感覺。除此之外，似乎還有「打破（깨다）＋到達（닿다）」的說法，不過這個說法有待考證。

語言就是這樣，雖然在生活中自然地使用，不過很難知道是從哪裡來的。但是從「知道（알다）」的解釋中出現「領悟（깨닫다）」來看，似乎多少能一窺韓國人所認為的「知道（알다）」的意思。

那就是「打破（깨다）」。無論是「打破（깨다）＋知道（알다）」，還是「打破（깨다）＋到達（닿다）」，都有「打破（깨다）」一詞。換言之，韓國人的「知道」有個非常重要的概念，那就是「打破」。有別於「區分才能明瞭」的日本人，韓國人似乎認為「打破才能了解」。

「打破（깨다）」是指破壞既有的某個事物。這不是「區分」既有事物才能明瞭的感覺，而是「打破」既有概念，擴大新概念的意思。所以「知道」當中的「打破」，應該是上述「打破」的意思才對。

這種差異是從哪裡來的呢？關於文化的問題，總會繼續牽扯到另一個問題。試著回答這一類問題，就能多少看出韓國和日本的文化差異，以及這種文化差異造成的韓國人和日本人的心理差異。

當然，我們好不容易找到的答案，也不保證一定是正確答案，更無法驗證。不過，對我們周遭發生的事情提出千奇百怪的想法，不正是學習文化的魅力嗎？因為在這些想法中，也許會有一個想法為我們好奇的現象提出新的觀點喔。

【文化判讀的基石】

異國文化模仿不來的原因

我們常說要向其他國家文化學習。而在韓國媒體上最常曝光的國家，就數日本了。原因或許在於日本不僅和韓國在地理上、歷史上相當接近，也早早走過韓國目前正在經歷的發展過程吧。

媒體上最常聽見的說法，就是「學習日本人兢兢業業的匠人精神」「學習日本乾淨的街道」「學習日本人守秩序的公民意識」「學習日本接連獲頒諾貝爾獎的科學界」「學習日本製作遊戲和動畫的想像力」，甚至還有新聞報導日本即使輸掉足球比賽，也會把更衣室打掃乾淨，說這個舉動值得韓國人學習。

乍看之下很合理。韓國社會確實存在許多問題，參考其他國家的情況來解決這些問題，也是理所當然的。但是學習其他文化必須注意一點，那就是應該考量兩國的文化背景。

人類的行為源於其身處的文化。一個運作機能良好的文化，是該國人民為了在自身的歷史條件、環境條件下生存下來，所創造出來的產物。把這樣的文化直接移植到其他國家，不會有任何副作用嗎？

到目前為止，韓國已經做出許多嘗試，將國外教育、民生福利、經營管理等優良的制度或文化引進國內，但是結果呢？考生還是為每年不斷改革的升學制度疲於奔命；每一次政權改朝換代，管理或行政也會因為施政方針的改變陷入混亂。

在原本國家運作良好的制度，進入韓國卻失敗的時候，人們總會將原因歸咎於韓國民智未開。也就是說制度很好，只是韓國人還沒有達到接受這個制度的水準。真的是那樣嗎？

為什麼學習其他國家文化會遭遇困難？對此，我將借用一個生物學理論來說明，那就是「趨同演化（Convergent Evolution）」。趨同演化是指在親緣關係上沒有直接關聯的兩種以上生物，出現環境適應結果相似的演化型態。

最具代表性的案例是翼龍、鳥和蝙蝠的翅膀。翼龍是爬蟲類，鳥是鳥類，蝙蝠是哺乳類，然而這三類的生物都長出了翅膀，以便更好地適應環境。

然而這三類動物的翅膀結構都不相同，翼龍用第四根手指撐起有薄膜的翅膀，鳥在手指骨合併成的大骨頭上長滿羽毛，蝙蝠則是在長長的四根手指骨之間長出薄膜。換言之，即使擁有翅膀，也不代表翅膀的生成和飛行原理相同。

在大自然當中，有許多像這樣外型相似，成因卻全然不同的生命體。這是為了適應相似的環境所演化出的結果。

那麼文化呢？當然，生命體和文化很難在同一個層次上探討。不過文化轉變的過程，和生命體的演化有相似之處。生命體或文化改變的原因，在於個體和團體的「生存」。

如果說演化是生物為了生存而逐漸適應環境的過程，那麼文化就是人類為了生存而適應環境的結果。隨著人類生活的環境（自然環境、社會環境）持續改變，團體的文化自然也會像生物體的演化一樣發生改變。

然而儘管人們非常清楚蝙蝠和鳥的差異，卻似乎不重視文化和文化之間的差異，以為人類的生活大同小異。例如心理學就將韓國和日本歸類為同一個集體主義文化圈。

但是，只用「集體主義」一詞來概括生活環境和歷史不同的兩國文化，真的恰當嗎？再說這還是標榜科學實證的心理學。

從韓國和日本的社會現象來看，雖然同樣是「集體主義」，成因卻有所不同。就拿名牌消費的傾向來說，像LV之類的名牌在韓國和日本都賣得不錯，但是消費模式卻大不相同。

在日本，同一品牌（LV）的同一產品銷售成績亮眼，然而在韓國，人們傾向購買同一品牌的不同產品。雖然從表面來看，兩國人民的共通點就是購買許多名牌。

用典型的集體主義概念來分析這種消費模式，就會出現這樣的解釋——在集體主義文化下的人們，只有歸屬於群體才會有安全感，也努力追求群體內部的和諧，所以他們購買特定商品的行為，呈現了自己所屬（或希望所屬）的群體的表象。

從大方向來看，這樣的解釋確實沒錯。就像鳥、蝙蝠、翼龍、昆蟲、飛鼠都有翅膀一樣。但是現象背後的意義卻完全不同。

如果說日本人透過購買特定品牌的商品，來追求自己也歸屬於這個群體的安全感，那麼韓國人就是透過購買特定品牌的商品，來滿足自己和別人不一樣的欲望。

因此文化雖然有相似的現象，卻可能是源於彼此不同的心理原因。可以說就像生物學當中趨同演化的過程。這正是異國文化「模仿」不來的原因，因為每個文化都有各自的成因。

蝙蝠不能因為羨慕鳥會飛，就模仿鳥的翅膀結構。蝙蝠再怎麼學鳥搧動翅膀，薄膜也不會消失，更不會長出羽毛。蝙蝠當然不會像鳥那樣飛，蝙蝠有蝙蝠自己飛翔的方法。換作是鳥也一樣。

因此，在比較兩個不同的文化時，必須先理解其結構與功能，才能在同一個層次上比較。這是因為即使表現出來的文化相似，也不代表兩者具有相同的功能；就算功能相同，運作的機制也不會是一樣的。

即便如此，也不表示沒有必要學習異國文化。正如世界上所有的文化一樣，韓國文化也不是盡善盡美。為了因應日新月異的環境和人們的需要，文化必須持續改變，一變再變。

只不過我們在學習異國文化之前，必須先了解其背景。換言之，在仿效其他文化之前，應該先從韓國文化中，尋找是否有與該文化相似的功能。唯有如此，我們才能達到原先學習異國文化的目的（例如為了更好的生活），同時避免在這個過程中出現不必要的自我貶低。

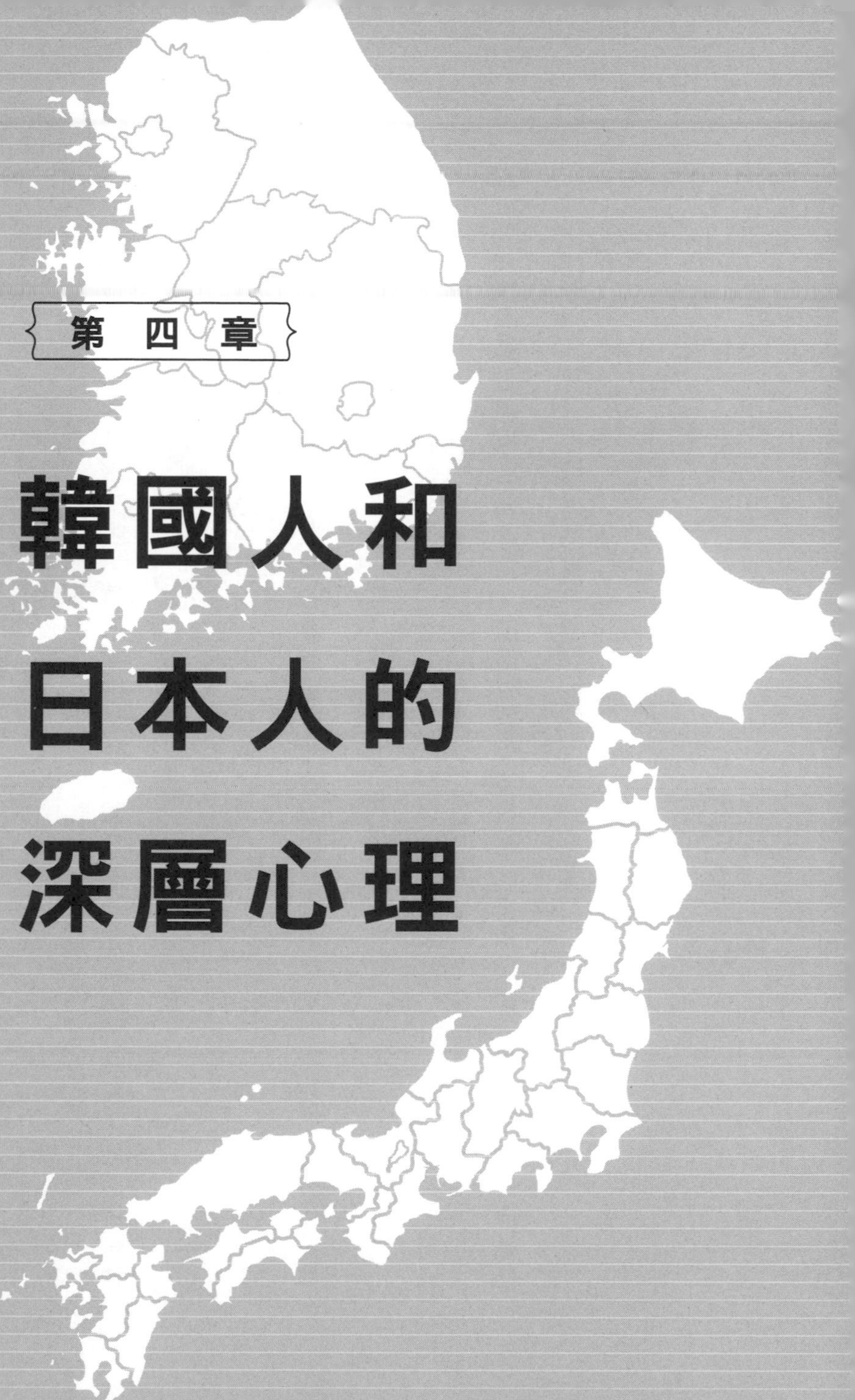

第 四 章

韓國人和日本人的深層心理

第四章所要討論的，是韓日兩國人民心中最本質的部分。前面三章都是以韓國vs日本的結構來談，這一章則是將兩國分開，試著個別且深入地討論韓國人和日本人的心理。

我們似乎可以看見韓日兩國對於某個標準有著不同想法，從而在文化上產生了分歧。這個標準就是「界線」，也可以說是邊界或牆。界線是區分自己與他人、內與外、個人世界與外在世界的標準。

對於韓國人和日本人而言，什麼是界線？什麼是邊界？什麼是牆呢？他們為什麼會有那樣的想法呢？前面介紹的韓日兩國文化現象，以及他們自己為什麼會那樣都不清楚的行為背後的根本原因，或許可以在這裡找到答案。

韓流是從哪裡開始的？

韓流如今已經是不可否認的世界級文化現象了。最早從亞洲部分國家颳起電視劇熱潮的韓流，不僅以K-POP和電影佔有一席之地，更逐漸擴張至K-Beauty、K-Food、K-Medical等不同領域。就連一開始不願認同韓流的人，眼見事態發展如此，也開始接受了韓流。

究竟韓流興盛的原因是什麼？這當然有各種原因，例如隨著經濟成長而日益發展的文化基礎建設、持續在不同領域發光發熱的藝術家的貢獻、網路和YouTube等新興媒體的出現等，不過我想韓國文化和韓國人的心理特性，也在其中扮演了重要的角色。

儘管外國媒體或媒體界相關人士紛紛對韓流提出各種分析，不過主要都是關於文化內容的分析，甚少提及韓流和韓國文化的關聯性。學術界（？）也試著尋找韓流現象起源的解答。（不是心理學界）

我在蒐集資料的同時，也查詢了許多學術期刊。其中有不少有趣的研究，像是將高句麗舞踊塚壁畫①的繪畫和少女時代舞蹈連結起來的研究，或是從儒家經典中尋找ＰＳＹ的搞笑

① 位於現今中國吉林省集安市。

元素等。當然，這些研究我一點也不贊同。

無論是用什麼樣的形式呈現出來，韓流必然根植於韓國文化。但是說ＰＳＹ的騎馬舞源自〈狩獵圖〉②當中的騎馬者，或者主張韓文的優越性是韓流擴散的主因，這些說法當下聽起來很新奇，讓韓國人心情大好，但是這很明顯無法得到最客觀真實的答案。

因此，直接將相當於第一手史料的資料和現代文化現象串聯在一起，實在有些牽強。上古祖先留下跳舞、歌唱紀錄的民族，並不僅限於韓國。不過，如果根據歷史資料中韓國古人的模樣和當時其他國家的人明顯不同，藉此主張這種模樣和現代韓國人在現代文化現象中呈現的「特性」有關，那就另當別論了。

人們大多認為現代韓國人的許多特性，都是在現代才學到的。過去由於受到儒家文化和集體主義文化的影響，韓國人既無法表現自我，也不懂得享受，如今拜經濟發展和文化開放之賜，人們變得越來越個人主義，自我主張越來越鮮明，在文化藝術上也有了大幅的發展。

但是，韓國人在某些方面依然有著歷史悠久的淵源。以下將透過幾個歷史紀錄，深入探索韓國人心理特性的根源。

《顯宗實錄》③一六六二年七月，全羅南道務安的十八名漁民因風浪漂流至沖繩。兩國人民因為語言不通，一度不知如何是好。然而這時，沖繩人忽然拿鼓來給朝鮮人，朝鮮人便開始一邊打鼓，一邊歌唱跳舞。於是沖繩人大呼「啊！他們是朝鮮人！」立刻找來懂朝鮮語的人，幫助他們回到朝鮮。

沖繩人看到打鼓、跳舞、唱歌的人，怎麼會知道他們就是朝鮮人呢？換言之，至少沖繩人知道一件事，那就是朝鮮人會「打鼓、跳舞、唱歌」，和其他國家的人不同。

朝鮮人「打鼓、跳舞、唱歌」的形象，最早可以追溯至古代。中國人歷來將自己形容為「窮理盡性」的人，而將韓國人形容為「鼓舞盡神」的人。窮理盡性語出《周易》，是全心全意去探索真理的意思，鼓舞盡神則是盡情盡興打鼓、跳舞的意思。

在《三國志・魏書》〈東夷傳〉中，有東夷人興致一來則徹夜飲酒、打鼓跳舞的紀錄，鼓舞盡神一詞應是源於此紀錄。由此可見，古代中國人已經將韓國人（東夷族）理解為和自己擁有不同特質的人了。

儘管時過境遷，過去許多文化已經消失，但是這個部分（飲酒、跳舞、唱歌feat.鼓）至今仍然沒有太大改變。可見這應該就是最接近韓國人本性的模樣吧。即使戰爭、饑荒、浩劫席捲整個國家，這個模樣依舊沒有消失。進入現代後，儘管因為日帝強佔期及戰爭的爆發，這種模樣暫時消失，不過還是在某個地方源遠流長地延續著。

---

② 在韓國上古時代的壁畫中，留下不少騎馬狩獵的繪畫。

③ 即《朝鮮王朝實錄》中記錄顯宗國王於一六五九年至一六七四年在朝期間國家大小事的官方史書。

綜觀過往歷史，（飲酒）歌舞一直是陪伴韓國人左右的文化，無論那是穩健發展的年代，還是青黃不接的年代；是有開心的事情，還是悲傷的事情；是晴空萬里的好天氣，還是相反。

從遙遠的古代開始，歌舞就和人類形影不離。藉由唱歌跳舞，人類可以忘記憂愁、表達喜悅，並且和他人更加親近。歌舞在韓國歷史上尤其重要，這代表韓國人深知歌舞的功能，並且懂得在日常生活中善加應用。

撇除天生就是音痴的人，只要多加練習，任何人都能盡情享受唱歌跳舞。而且熟能生巧，唱歌跳舞久了，自然也懂得欣賞他人的表演。此外，和他人一起唱歌跳舞，又能學到如何配合對方的節奏和如何與觀眾互動。換言之，在這個過程中，我們學會了該如何唱歌、跳舞，才能顯得更美妙、帥氣，也知道人們是否會喜歡這樣的表演。

我們從幼稚園開始，到國小、國中、高中、大學都在表演才藝。親戚們聚會的時候，孩子們會唱歌跳舞；幾杯黃湯下肚，自然而然會哼出小曲；開派對的時候，當然會邀請樂隊。還有遊覽車裡會放迪斯可，散步的人會聽音樂哼歌（趕快找找耳機在哪裡），有時也會用歌曲來說話（我的~耳機~放在~哪裡啦~~）。

對韓國人而言，唱歌跳舞是一種透過文化習得的行為模式。韓流就是這個文化在特定時間遇上特定條件，從而開花結果的產物。例如九〇年代以後長期奠基的文化產業基礎，以及進入二〇〇〇年後快速發展的網路技術等。(當然,韓流明星也是韓國文化中非常亮眼的一群人。)

那麼,韓國人為什麼喜歡唱歌跳舞呢?是為了發揮歌舞的功能嗎?人類並不是那麼具有目的性的生物。我們都知道運動對身體好,但是不是所有人都因此開始運動啊。文化的功能已經內化為該文化成員的深層意識,以個人賦予的意義自動觸發。

韓國人唱歌跳舞的原因,在韓文中就能看見,那正是「興味(흥)」和「興頭(신명)」。當我們興味盎然的時候,身體會自然擺動;人在興頭上的時候,身體才會放鬆。歌曲也是一樣的。那麼「興味(흥)」和「興頭(신명)」是什麼呢?

為什麼外國人會跳遊覽車舞？

在導演奉俊昊的電影《非常母親（마더）》中，最後一幕出現了遊覽車舞（고속버스 춤）。那正是韓國眾多母親的形象——在黃昏的高速公路上，在遊覽車裡跳舞跳到忘我的模樣。奉俊昊將他小時候看到遊覽車舞的強烈印象，留在了電影的結尾。

我在高中時期也偶然目睹過遊覽車舞，留下了強烈的衝擊。韓國人為什麼會那樣玩樂呢？或者說，韓國人為什麼非那樣玩樂不可呢？三十年前的寸頭高中生，如今成了瀕臨絕種的文化心理學家，打算找出這個問題的線索。

雖然現在已經大量消失，不過在韓國人的遊戲文化中，一定少不了「舞場（춤판）」。進入生活逐漸富裕的一九八〇年代後，「觀光」逐漸成為韓國人重要的遊戲文化。其實就是團體包車去旅遊景點。

但是，觀光的目的並非為了考察名勝古蹟。在開往目的地的遊覽車上，還有在觀光景點入口的空地上跳舞，才是最重要的。經常可以看見觀光客到了景點，匆匆拍了張紀念照後，轉往遊覽車旁搭起的帳篷裡跳舞。

即使是在回程的遊覽車上，舞場依然進行，甚至可以說達到了巔峰。對於當時只知道工作和家庭的韓國人而言，「觀光」是讓人脫離日常，暫時喘口氣的活動。遊覽車舞的文化意義，就在於盡情燃燒精力，不留下一絲遺憾。

遊覽車舞是非常韓國的現象。人們在危險的高速公路上搖擺身體，似乎被什麼迷惑似的。這個常被理解為缺乏安全意識、粗俗、沒有教養的行為，其本質就在於儀式，也就是祭儀（ritual）。祭儀是具有目的性的行為，換言之，遊覽車舞就像某種祭祀或宗教儀式一樣，人們做出文化上約定俗成的行為，同時實踐該文化形塑的某種功能。

遊覽車舞最重要的特徵是高度專注。試想要在時速一百公里的遊覽車裡跳舞，沒有高超的專注力是辦不到的。空間如此狹小，遊覽車又搖搖晃晃。但是韓國人可以完成如此高難度的挑戰，原因就在於投入。

投入在正向心理學中，通常指的是「心流（flow）」的概念。也就是從事某個行為時，如流水般自然而然沉浸其中的狀態。但是遊覽車舞的投入有刻意為之的成分。那不是跳舞跳到自然而然沉浸於舞蹈，而是一開始就全心全意地投入到舞場中。

音樂可以幫助人們達到如此投入的程度。高速公路休息站販售的輕快舞曲，被調成比原曲快兩倍的節奏。更不用說原本就是要在遊覽車裡播放的歌曲。這些歌曲還會加入「咦嘻～」「啊哈～」「嗨起來～嗨起來～」等「助興詞」。

「助興詞（추임새）」是韓國傳統藝術用語，意思是刺激人們在歌曲間奏跳舞的感嘆詞。「唉唷真棒（얼씨구 좋다）」「了不起（잘한다）」「哎喲喂（지화자）」等呼喊，就屬於助興詞。助興詞可以激起現場聽眾的共鳴和支持，發出「在這個點可以跳舞」的信號。如此一來，人們就能更快投入那樣的情境中。

人們之所以如此投入，是因為在這個情境下可以自由展現自我。遊覽車舞的動作看似簡單，其實展現了每個人富有個性的free style，也就是隨興舞蹈。人們依循自己的興致，跳出既沒有學過，也沒有修飾過的動作。

現代舞蹈家安銀美在二〇一五年法國巴黎的一場慶祝活動上，安排了韓國大媽們的隨興舞蹈。那些從未學過舞蹈的韓國大媽所呈現的表演，獲得了舞蹈評論界和觀眾的熱烈迴響。是她們的自由展現引發了人們的共鳴。

自由展現有助於理解和表達個人情感。那不僅可以消除累積的壓力，還可以發現從來不知道的自己，藉此獲得新的生命能量。韓國人將這種經驗、情緒稱為「興頭（신명）」。

並非只有穿著華麗服裝站上舞台的藝術家，才能達到「興頭」上。即使是為生活奔波，忙得沒時間好好學習的人，他們的生命中也有興致高昂的時刻。這種不讓百姓被困苦、委屈的生活壓垮，拯救他們於水火之中的正向力量，正是「興頭」。

因此，遊覽車舞是嗨到興頭上的邀請。為了提起興頭，人們全心投入這個能夠感受正向情緒的行為中。節奏輕快的音樂將情緒推向高潮，而與旁人的共鳴則是提升這種情緒的催化劑。

最後，平時礙於面子、性格和社會地位而無法盡情抒發的任何行為，都將獲得允許，迎來最完美的自由瞬間。就在此刻，原本煩悶的、積鬱的情緒都將噴湧而出，自由地流淌。從彼此的眼神中，我們將能看見那一個興致勃發的世界。

在品嘗到這種興頭之前，還不能回到日常生活。然而結束短暫的逃離，又得重新回到日常生活時，對這種興頭的渴望反倒更加旺盛。這也是為什麼結束觀光後，回程的夜間遊覽車會變成舞場的原因。

在不留一絲遺憾地燃燒完精力後，韓國人總會說「真爽快（후련하다）」。換言之，如果不夠爽快，韓國人就認為「玩得不夠盡興」。這正是《三國志・魏書》〈東夷傳〉中記錄的，韓國人可以連玩數天數夜的遊戲文化的根源。

由於缺乏安全，加上看起來沒有教養又粗俗，遊覽車舞已經逐漸從現代韓國人的記憶中消失。安全固然重要，但是以丟臉為由揚棄遊覽車舞，恐怕會失去不小的文化功能。

即便不是遊覽車，即便不是許多人造訪的觀光景點，也請和自己志同道合的人一起盡情展現自我吧！丟掉面子，盡情燃燒吧！直到不留一絲遺憾。

願你常有高昂的興致。

什麼是「恨」？

YouTube上的韓國歌曲（尤其是悲傷的情歌）下面，常有人留言說：「這是國破家亡的唱腔。」「歌聲讓人感受到韓國人的恨。」什麼是「恨」呢？是失去國家的感覺？還是哀傷悲悽的心情？「恨」與「人情」被認為是韓國最具特色的情緒，然而真正了解「恨」是什麼的人並不多。

文化概念本就如此。人們雖然熟悉某個文化現象，卻又不容易說明清楚。可能我們覺得是對的，別人卻認為不是那樣。文化就像大象一樣，每個人看到的和理解的層面都不一樣。

最早用類似「恨」的概念來形容韓國文化的人，大概就是日本藝術評論家柳宗悅了。他相信自然和歷史決定藝術的特色，因此主張朝鮮的藝術脫離不了半島型地理環境注定的歷史。

他的主張可以用「悲哀美」來總結，換言之，朝鮮由於半島型地理特性，經常受到外來勢力的侵擾，由此造就了痛苦與悲傷的歷史，而這種歷史經驗便形成了朝鮮特有的美感。

儘管柳宗悅的觀點被許多學者批評為殖民史觀，然而這種主張在日帝強佔期前後廣為流傳，甚至在經過南北韓戰爭和分裂、軍事獨裁等悲慘痛苦的現代史後，恨逐漸成為韓國最具代表性的情緒。

恨真的是韓國悲慘的歷史創造出來的情緒嗎？一些人認為恨就是在帝國主義的時代下，日帝為了貶低韓國所創造的概念。然而從各種紀錄來看，無論是在文化上還是在歷史上，我們都無法否認恨是具有韓國特色的情緒。

只是這裡有一點需要說明，恨並非那樣黑暗的、退縮的。文化概念具有複合的、多層次的結構，如果忽視這點，只當韓國人的恨源於韓國黑暗、悲慘的歷史，那不過是確認偏誤（Confirmation bias）而已。

那麼，恨是如何被創造，又是如何被感受的呢？首先我必須說，「韓國悲慘的歷史」並非唯一的答案。當然，群體共同經歷的歷史是形塑文化情緒不可或缺的要素，不過更重要的是該文化成員的「經驗方式」。

綜上所述，恨源於「無可奈何」且「無法挽回」的事情。換言之，恨是由於無法控制的原因所引發的負面結果。然而將這種具有文化普遍性的情緒冠上「韓國」的稱號，大概是韓國人的「主觀性」所造成的。

韓國人的情緒經驗方式，被認為是相當主觀的。簡而言之，韓國在解釋自己遭遇的事情時，通常會以自我本位來解釋，而不顧客觀的事實或其他人的觀點。

更進一步來說，韓國人對於自己力有未逮的情況，例如遭到不當的傷害或相對剝奪感等，總是表現得特別敏感，而且也容易以負面的態度詮釋。我認為比起特定時期的歷史經驗，韓國人的文化經驗方式影響更大。

接下來我想談談恨的文化意義和功能。為了掌握恨的意義，首先必須了解韓國人對恨的經驗過程。恨最初引發人們委屈或憤怒等強烈的情緒，然而在階級制度分明的過去，造成個人委屈或憤怒的事件並不容易解決。長期處在這種強烈的情緒下，生理、心理都會出現各種疾病。

一般認為長時間未被消化的委屈，是引發「心火病」的原因，那也是收錄在《DSM-IV-TR精神疾病診斷準則手冊（第四版）》中的韓國文化症候群。日子還是要過下去，生病只是自己的損失而已，所以無論如何都要想辦法消除心中的委屈和憤怒。在這種情況下發展出的思考模式，就是對恨的經驗過程中最重要的「內部歸因（Internal attribution）」。

內部歸因是指從自己身上尋找自己所遭遇的事件的原因。其實我們遭受委屈都是外在造成的，是某人或某個社會狀況使我們蒙受不當的傷害。但是正如前面所說，這種不當傷害在過去的社會並不容易解決。尤其越是知識有限、社會活動受限的人，越是如此。

再說韓國的經驗方式強調主觀解釋，對「不當傷害」尤其敏感。我認為現代韓國社會的關鍵詞之所以是「公平」，而且公平的標準也因人而異，原因或許就在這裡。

既然不容易改變讓自己遭受不當傷害的現實世界，也不可能每天都生活在憤怒之中，那就只好將遭受這些委屈的原因歸咎於自己（「內部歸因」）。都是因為自己沒有好好學習，都是因為自己力量不夠，都是因為自己窮，所以才會遭遇這樣的事情。

內部歸因的結果就是「可悲」。可悲是無力感引發的悲傷情緒，而無力感源於沒有能力控制情況。換言之，可悲是我們無能為力時產生的自我憐憫的情緒。這裡出現了恨的第一個功能——承認自己遭遇的負面事件原因終究在自己身上，正視自己在無可奈何的情況下喪失了控制能力。

控制欲是人類的天性，我們都知道控制欲對當事人的自尊與精神健康帶來極大的影響。當「恨」的情緒出現時，意味著失去了控制能力，而控制能力的喪失將會造成自我價值感的破壞，以及隨之而來的負面結果。

這時只要了解控制能力何去何從，就能感到安定。人們起初不知道自己究竟為什麼會遭遇這種事，一時手足無措，直到發現是「自己的錯」，才總算鬆了一口氣。歸因（attribution）的重要心理功能，是獲得對周遭的控制能力。

在前近代，大多數百姓不得不接受發生在自己身上的無理對待，這種心理機制便發揮了消化負面情緒的功能。隨著時間流逝，委屈和憤怒逐漸淡化，留下了作為情緒的恨，乃至於性格特色的恨。

不過內部歸因的效果不僅止於此。雖然找到了感到委屈的原因，負面情緒也稍微抒發了，但是讓我們遭受不當傷害的情況依然沒有改變。怨嘆「自己無能為力」，只會讓人更焦慮，更食不下嚥，陷入自嘆自憐之中。有些人因此生活在暗無天日的悲傷中，無法脫離自悲自嘆和自我憐憫。

然而也有些人積極脫離自我憐憫，試圖找回喪失的控制能力。韓國文化中恨的意義就在於此。在恨的情緒中，有對喪失的事物、未能實現的目標抱持的憤恨，而這股憤恨將會轉變為克服現實的動力。

所以心想「我就是不學無術，才會這樣」的人，開始努力學習；心想「我就是沒錢，才會這樣」的人，開始努力賺錢；心想「我就是力量不夠，才會這樣」的人，開始強化自身的力量。總有一天，他們必將克服讓自己感到委屈、悲哀的情況。

因此對韓國人而言，「恨」不是一旦出現，就一輩子無法擺脫，終其一生必須困在悲傷之中，而是一旦心中有恨，就必須解開。消除恨的情緒後，不僅心情大好，也會產生源源不絕的精力，而這正是「興頭」。

這正是古人為什麼將「恨」和「興頭」相提並論的原因。在韓國藝術中，總是能看見「恨」和「興頭」的關鍵詞。當恨意最深的舞蹈「驅煞舞（살풀이）」來到高潮，就變成了充滿活力、生機的舞蹈。值得注意的是，「驅煞舞」一詞當中，就含有「釋放、抒發（풀

이)」的意思。

所以，將恨解釋為黑暗的、退縮的情緒，是非常淺薄的理解。因為恨是必須抒發的情緒，它終究會引發人們追求高昂興致的動機。

熊和老虎為什麼想變成人？

在今日韓國的文化內容中，鮮少有主題是變身的作品。不僅沒有像美國超級英雄那樣，描述一個平凡人隱藏自己的特異功能，最終化身為英雄的敘事，也沒有像鄰國日本那樣五花八門，有變身機器人、魔法少女、超級戰隊的故事。

然而在韓國的傳統故事中，有不少變身的主題。韓國變身故事的始祖自然是檀君神話。檀君神話是描寫韓民族開天闢地最早的故事，其中提到老虎和熊為了變成人，在洞穴內待了一百天，只吃艾草和大蒜。

檀君神話是韓國家喻戶曉的故事，不僅是能理解韓國人性格的最古老的文獻，也是韓國後代流傳的許多故事的原型（archetype）。韓國文化中「變身」的意義，也可以由此一窺一二。

在檀君神話中，變身的動機是關鍵。熊和老虎想變成「人」，所以找上了桓雄。這是因為牠們希望以人類的模樣，生活在（桓雄治理的）人世間。但是要成為人並不容易。對於在生態金字塔頂端的熊和老虎等捕食者而言，要堅持一百天的隔離和禁止肉食，是一項非常困難的挑戰。

想想要在食物充足的情況下連續兩週居家隔離，都不容易了，更何況是在連無線網路都不通的漆黑洞穴裡待上一百天，只能吃艾草和大蒜。眾所周知，熊熬過這個試煉，最終成為人類（熊女）。桓雄和熊女的兒子，就是韓民族的始祖「檀君」。

神話並非事實的紀錄，我們不必追究這個故事中熊是不是真的變成人，或者韓國人是不是熊的後代，而是要找出這個故事背後隱藏的意義。歷史學家從檀君神話中，讀出了一個擁有先進青銅器文化的外來集團（桓雄），與當地勢力（熊與老虎）融合的過程。

身為文化心理學家，我想強調熊和老虎「想成為人類」的欲望。因為「非人類的生物」「想成為人類的欲望」，才是韓國變身故事的核心。

韓國的變身故事大多是非人類成為人類的內容。從檀君神話開始，到《三國遺事》[①]中〈金現感虎〉的虎女、傳說故事中的田螺姑娘、蜈蚣女、九尾狐、吃指甲的老鼠等，都是如此。另外還有性質稍微不同的，例如〈報恩喜鵲〉中的蟒蛇、〈狐狸姐姐〉中的狐狸。這些常見的典型韓國民間故事，有的收錄在教科書裡，有的是小時候讀過的傳統故事，有的則在《傳說的故鄉》[②]中播出過。

---

① 由高麗時代僧人一然和尚撰寫的高句麗、百濟、新羅三國野史。
② 韓國 KBS 電視台播映的靈異故事劇，從一九七七年開始，斷斷續續播映至二〇〇九年。

儘管細部內容和結局稍有不同，不過這些故事都有一個共通點，那就是「想成為人類的欲望」。老虎、狐狸、老鼠、田螺等動物，因為想和人類生活在一起，所以渴望成為人類。最著名的就是田螺姑娘，她變身的動機是為了和獨居的大齡單身漢生活在一起。

這些動物因為棲息地靠近人類，從旁觀察人類生活的面貌，對人類生活產生嚮往，從而渴望成為人。活著不都是一樣嗎？為什麼牠們如此渴望成為人類呢？

韓國變身故事的重要特徵之一，就是變身的動物不會害人。雖然也有像〈報恩喜鵲〉中的蟒蛇一樣，變身目的是為了報仇的，或是像〈狐狸姐姐〉一樣，無法改掉原本飲食習慣的情況，然而「不會害人」是定義韓國變身故事的重要標準。從這點來看，無論是〈報恩喜鵲〉中的蟒蛇，還是〈狐狸姐姐〉中的狐狸，最後都沒有傷害人類。

當然最典型的，還是為了心愛的金現而犧牲自己性命的虎女、即使丈夫性情急躁又背叛自己，最終仍沒有傷害丈夫的九尾狐和蜈蚣女。另外，吃了指甲後變身人類的老鼠，即便偷了指甲主人的樣貌，也沒有傷害人類的明顯意圖。我要是老鼠的話，應該會先處理掉指甲主人。

動物想成為人類的欲望，其實就是人類自己的欲望。非人類迫切希望成為人類的故事，象徵著生而為人是一件好事。令人意外（？）的是，韓國人歷來對於人類與人類生存的世界抱持相當正面的態度。

這就是韓國俗諺所說的，「即使在狗屎堆裡打滾，也是人類世界好。」③這種「現世主義」被認為是韓國文化重要的特徵，可能是受到重視現實問題的儒家的影響，也可能是源於自古就對韓國人的生命和心理影響深遠的巫俗信仰。

巫俗信仰可以說是東亞薩滿信仰的韓國在地化形式。韓國的神直接「下凡」到巫師的身體，這和薩滿（巫師）上天拜見諸神的西伯利亞薩滿信仰不同。即便生活在天界，毋須羨慕他人的桓雄，也下凡到了人世間。

桓雄和熊女的兒子檀君身兼祭司與國王，是韓國巫師的祖先。韓國宗教在傳統上更重視人世的問題，較少提及天神或來生。這樣的特徵與後來的儒家結合，強化了韓國文化中現世主義或人本思維的一面。

另一方面，「非人類愛上人類，以人類形象生活在人間」的傳統變身故事的符碼，也不斷出現在韓國的文化內容中。相較於變身的形式，我認為變身的本質依然被保留下來，電視劇《來自星星的你》和《孤單又燦爛的神—鬼怪》就是其中的代表。

都敏俊雖然是外星人，但是以人類的形象過上數百年的生活，並且愛上了一名人間女子。金信既非活人，也非死人，在人類社會生活了數百年，一樣愛上一名人間女子。這些電視劇的結構和先前介紹的傳統故事，本質上都是相同的。這裡我想下一個結論（雖然是有點薄弱的結論），那就是再怎麼了不起的文化內容，留下核心結構後，其實看起來都大同小異。

總而言之，變身在韓國的意義，和「想成為人類」「想以人類形象生活在人間」的欲望息息相關。

最後，我想拿韓國變身的意義和其他文化圈的變身來比較。在西方個人主義文化圈中，變身表達的是對內在的惡可能侵蝕自我的恐懼，而在日本，變身用於展現個人想變得比現實自我更強大、更超群的欲望。相較於此，韓國的變身則是源於「其他事物也想變得更我一樣」的思維。

寫完這一長串的內容，不禁油然生起一股「迷之自信（근자감）」。其實迷之自信是韓國人心理的重要一環。在文化心理學中，韓國人被定義為「自我價值感」較高的人。不知道為什麼，韓國人總是自我感覺良好，覺得自己比別人了不起。

總而言之，如果說西方的變身是源於個人主義文化的壓力，強調維持個人的一致性，而日本的變身是源於日本文化當中，除了要求個人負起社會責任外，很少再有其他選擇的特性，那麼韓國的變身可以說反映了韓國人總認為自己了不起的思維。

---

③ 亦即「好死不如賴活」。

正義魔人的國家

韓國有許多愛抱怨的人。在他人眼中看來無傷大雅的事情，他們也要表示不滿，甚至還出現「正義魔人（프로불편러）」一詞來形容他們。看了各種正義魔人的案例，不禁覺得每個人的想法和感受各不相同，抱怨起來還真是沒完沒了。

他們抒發不滿的目的是希望做出改變。例如大邱的裝置藝術「大邱非洲」有許多充滿創意的設計，像是融化的拖鞋、在路上被煎熟的雞蛋等，深受歡迎，卻因為一名市民檢舉，認為該活動損害大邱形象，結果一夜之間遭到拆除。（後來因為市民朋友表示遺憾，又重新設置。）

在韓國，有學生家長在酒館見到幼稚園老師，發簡訊指責老師為人師表，竟然私下是這樣；也有人認為父親節和母親節會讓無父、無母的人產生相對剝奪感，建議取消父親節和母親節放假，還有人批評電視上的藝人服裝、髮型和演出態度……

地鐵駕駛常收到「溫度調太冷」「溫度調太熱」的投訴；在自習室讀書，也會收到「拖鞋走路太大聲」「翻書太大聲」「呼吸太大聲」的抱怨紙條。上述總總行為，都可以看作是出於個人感到不滿，因而企圖改變他人行為的舉動。

當然在這些事件中，也有一些正向的批評。韓國社會存在不少歷來被視為理所當然的弊端，例如上司、前輩等上級自然表現出的頤指氣使、看重學歷更勝於能力的風氣、從外貌或性別判斷一個人的傾向等。韓國社會要往好的方向發展，就必須改善這些問題。所以為了改善這些問題，自然需要有人感到不滿，表達意見。

但是在正義魔人提出的問題中，有不少問題很難判斷是否真的會讓人不舒服，所以我們所有人都必須努力改善。例如有人說每年舉辦的華川山鱒魚節屠殺了數十萬條生命，應該要禁止才對。他們認為不能為了人類的娛樂，就把動物的犧牲視為理所當然

雖然同情被犧牲的動物可以理解，但是華川山鱒魚節為當地帶來的經濟效益是否有替代方案？每天被人類吃掉六億隻的雞和其他動物，難道毋須憐憫？這樣的主張似乎缺乏公平性。

還有其他類似的案例，像是有人不滿服務生稱呼自己大媽、大叔、太太。他們認為自己既沒結婚，也沒有孩子，被那樣稱呼當然會不開心。但是「大媽（아줌마）」「大叔（아저씨）」是韓國文化中以家人的關係來看待他人的稱呼，不是貶低某人的用語，而是非常尊敬的稱呼。如果你不是我的家人，就不能用家人的稱呼來叫我，那麼消費者也不應該稱呼餐廳員工為「阿姨（이모님）」。

隨著韓國社會的改變，各種價值觀揉合在一起，這些觀點逐漸形成不小的問題。由於社會的改變，價值觀也隨之快速轉變，過去認為理所當然的事情，自然開始讓人感到不舒服。例如九〇年代人們到處抽菸，現在只會被痛罵。

社會成員之間的共識才是最重要的。多數人都有共識的不滿，可以成為解決問題的開端。但是將個人的不滿強加在他人身上，就說不過去了。然而在韓國能看到不少這樣的人，至少可以確定存在這種「類型」的人。

雖然韓國人的不滿有各種原因，不過最主要的原因應該就在於「主觀性」。主觀性是個人在某段經驗中「感受與接受的部分」。這也是為什麼在相同的時間經歷相同的事情，每個人的記憶會有落差的原因。

站在文化心理學（也就是我個人）的觀點，我認為韓國人以自我為中心的思維，是韓國人心理的重要特徵。這種較高的自我價值感和希望影響他人的主觀自我，在此發揮了一定的作用。

韓國人常說「在我看來……」這種語言習慣便是能一窺韓國人主觀性的典型案例。一丟出「在我看來」，通常所有客觀的證據或反駁都會失去力量。這種以自我為中心的經驗方式，很容易讓當事人以為不符合自己標準的一切，都會造成自己的不滿。

當內在的安定被打破時，人們自然會有「不滿」的情緒。就像站在傾斜的地板上，或是躺在凹凸不平的地板上，總會感到不自在一樣，當人們內在的常識或信念受到挑戰時，就會有所不滿。這涉及的是私人（主觀性）的領域，自己感到不舒服，別人能說什麼嗎？

問題就在於要想讓自己的不滿得到他人的共鳴，並且在這個共鳴的基礎上改變世界的話，我們就必須判斷自己的不滿能夠獲得多少社會的共識。因為這個世界不是只有我一個人。

不滿很難說是正面的情緒。不滿之類的負面情緒當然會影響我們的幸福感。韓國人幸福指數偏低的原因之一，也跟韓國人容易感到不滿的情緒經驗方式有關。

無論如何，有一點我們一定要記住，那就是改變世界的人，必然是對世界感到不滿的人。只要努力尋求社會共識，減少不必要的情緒消耗，在這個智慧的支持下，相信正義魔人的不滿也能成為改善社會的原動力。

生活在韓國的韓國人，經常抱怨韓國不怎麼樣，但是可別忘了韓國在沒沒無聞的數十年間，一躍成為全球數一數二的「宜居」國家。

有哏的民族

在歷史上，韓國人也被稱為「詼諧諷刺的民族」。因為在文學和藝術等韓國文化的各個方面，都蘊含著諷刺和詼諧的元氣。民畫〈喜鵲老虎〉細膩刻畫出老虎呆頭呆腦的表情和喜鵲戲弄老虎的眼神，被譽為是最能表現韓國人詼諧面貌的繪畫作品。

諷刺是嘲笑社會不堪的現象或人類矛盾的表達方式。諷刺的心理功能在於攻擊，既然無法親手攻擊造成自己負面情緒的對象，那就只好「拐個彎罵人」；反之，詼諧是將憤怒、悲傷、惋惜的情景轉變為歡笑，也就是讓情況本身變得充滿樂趣。

在階級秩序凌駕一切的過去，百姓遇到令人生氣、憤怒的事情，很難有機會排解心中的委屈。但是生活還要繼續，不可能每天都帶著生氣、憤怒的心情過日子。於是，百姓試著將負面的情緒轉化為可以忍受的事情。由此看來，諷刺和詼諧是韓國人面對生活中負面經驗的防衛機制。

諷刺和詼諧，與順應現實有著極大的距離。諷刺和詼諧的功能除了將負面情緒轉為正向積極外，也能藉此表達反抗的精神。那是不願承認失格的威權，尖銳且執拗的精神。

從韓國祖先因應日帝強佔期「創氏改名」[1]的改名案例，就能略窺一二。像是犬糞食衛（吃狗大便吧）、昭和亡太郎（昭和必亡）、玄田牛一（畜生的拆字）、田農炳夏（與天皇陛下同音），從這些名字中，不難想見他們不願屈服於日帝高高在上的權威，無論如何都要抵抗的意志。

另一方面，諷刺和詼諧的基本原理在於破格，也就是對格式（形式）的破壞。打破熟悉的情況，曲解脈絡，從而帶來歡笑和樂趣。在日帝強佔期間珍島地區傳唱的〈顛倒阿里郎〉，就能看見破格的案例。

〈顛倒阿里郎〉是在日本帝國認為阿里郎鼓吹民族精神，禁止演唱阿里郎後，當地人將歌詞倒著寫成的歌曲。

판대본일 리바각딸 의놈왜 들끼새
（일본대판 딸각바리 왜놈의 새끼들／日本大坂　踩著木屐　倭人兔崽子）
을칼총 고다찼 라마 을랑자
（총칼을 찼다고 자랑을 마라／別炫耀自己有刀有槍）
아리아리랑 스리스리랑 아라리가 났네
아리랑 응응응 아라리가 났네

신순이 이선북거 면가떠 실둥두

（이순신 거북선이 두둥실 떠가면／李舜臣的龜甲船一旦啟航）

은남나죽 들끼새자종 라리하 을살몰

（죽다남은 종자새끼들 몰살을 하리라／就要殺掉死有餘辜的孽種）②

就像這樣，韓國人在歷史上透過各種諷刺和詼諧，表達自身對壓抑和逼迫的反抗，並將此昇華為歡笑，時而積極、時而意氣風發地面對生活。時至今日，依然延續著這樣的精神。

韓國在進入網際網路的時代後，網路空間中充滿著各種模仿和搞笑哏。其中雖然也有純粹追求樂趣的內容，不過針砭現實的諷刺模仿秀，絕對是韓國網路文化的精華。

二〇一六年，在罷免朴槿惠的燭光示威撼動全國之際，各式各樣的諷刺模仿也出現在網路和實際生活中。在看似嚴肅的示威現場上，出現了各個團體大搞創意的旗幟，如實呈現了當時的氛圍。

---

① 日本帝國於一九三九年頒布的皇民化政策之一，要求朝鮮人將名字改為日式名字。

② 該曲將辱罵日本的文字顛倒過來，放入〈珍島阿里郎〉中演唱，由於顛倒後的文字無法翻譯，以上僅翻譯文字顛倒前的內容，亦即括號內的內容。

韓國人對於「閨密干政」這個史無前例的局勢感到憤怒，但是不只有生氣而已。韓國人為挫折和憤怒穿上諷刺和詼諧的外衣，成熟地展現出表達的自由，使那些稍有不慎就可能引爆的負面能量轉為正向能量，並且在彈劾成功後，實現了和平的政權交替，受到全球各國高度肯定。

二〇一六年的廣場上，不只有大搞創意的旗幟，還有表演和跟唱、辯論與食物，是一場所有人都在「興頭」上的歡快慶典。破格也是興頭的要素之一，這點未來我會再深入討論。無論如何，興頭是理解韓國人文化行為相當重要的概念。

如今，在韓國的網路和實體生活中，依然充斥著各種模仿和搞笑哏。人們說「有哏的民族」繼承了上一代「詼諧諷刺的民族」，這句話所言不假。無論是單純的文字遊戲，還是針砭世態的諷刺，韓國人追求笑哏的理由相當明確。

因為有趣。^^

「好扯」這句話從哪裡來？

最近在綜藝節目上流行一句話，那就是「好扯（찢었다）」。通常我們對歌手或舞者的表演讚嘆不已的時候，會用「扯爆舞台（무대를 찢었다）」來形容。不過在日常生活中，有些人偶爾也會這麼使用，相信各位應該多少都聽過。「好扯（찢었다）」到底是什麼意思？

「好扯」作為形容詞使用時，首先有「了不起」「厲害」的意思。當然也包含了「與眾不同」「不同凡響」的意思。但是「好扯」的語感中，還存在著更強烈的意義。

就拿撕開布或紙來比喻，在發出一聲「唰」的同時，裡面或背後的東西一下子就露了出來，大概就是那種感覺。所以「好扯」就像撕開某個東西一樣，給人強烈而震撼的衝擊，讓日常的氛圍和表演之前的氛圍瞬間產生改變，是表示某件事非比尋常的意思。

某些現象的流行，必然有其背後的原因。流行語也是一樣的。那麼在韓國，「好扯」一詞特別被用在形容藝術表演的原因是什麼呢？

我是「興頭」研究者，在韓國學界被當成怪人。一直以來，我都在研究這個被看作是韓國文化情緒與動機的「興頭」，在韓國人心理上的意義與經驗過程。我在興頭的經驗過程中，發現了似乎與「好扯」有關的地方。我將興頭的這個層面，命名為「破格」。

綜觀過去的歷史，興頭一直是韓國人認為最好、最理想的狀態。那種興味盎然、興致高昂的狀態，自然是超出平時的快樂、喜悅許多的心情。我們在清新的晨曦下，一邊吹著微風，一手拿著剛沖好的咖啡，應該不會說「哇嗚，好興奮」吧？

我們在興頭上的時候，首先會出現激烈的心理反應。有時是胸口快要炸裂般的躁動，有時是呼吸急促，不自覺地上下跳躍，甚至是大吼大叫。在表達強烈的喜悅時，也會伴隨激烈的反應，彷彿超自然的存在、超自然的神正附身在自己身上一樣。其實興頭的漢字詞「神明（신명）」，就是這麼來的。

那種激烈的喜悅雖然會在某個瞬間忽然降臨，但是還需要幾個條件。在我目前發現的興頭的條件中，少不了「破格」，破格意味著形式被打破。我們可以理解為某個掌管日常生活的規則被打破時，韓國人從中感受到的強烈喜悅。

感嘆詞「好扯」的意義就在於此。當眼前的表演打破了過去的氛圍，給自己帶來全新的感動和快感時，人們就會用「好扯」來形容。

年輕人以為「興頭」只會出現在節日的傳統遊戲表演上，然而他們卻在潛意識中使用了「好扯」的用語，這證明了興頭的ＤＮＡ已經廣泛且深入地扎根在韓國人的意識裡了。

「好扯」這樣的形容，意味著普通的、一般的、日常的事物，已經無法再帶給韓國人感動和快感。因為深知破格的樂趣，所以韓國人需要更新穎、更有個性、更強烈的表達方式，而這不也延續到了今日的韓流嗎？我相信韓流的本質，就在於這種表達方式上。

等等，這裡似乎漏掉了一段說明。更新穎的、史無前例的、更強烈的事物，不一定都能引發高昂的興致。我們見過不少人嘗試追求更新穎的、史無前例的、更強烈的事物，然而那些嘗試並沒有獲得人們的共鳴。沒有被嘲笑就不錯了。所以追求興頭的破格，還有一個最重要的前提，那就是「共鳴」。「好扯」一詞可以說是對新穎的、強烈的表演產生共鳴的證明。

興頭的另一個條件是共鳴，它使破格成為可能。當我們的表演或行為獲得旁人的共鳴，就能為自己帶來一定的安定感。那是一種無論自己做什麼，別人都會了解自己、體諒自己的感受。當人們產生這種感覺的時候，就能自由自在地表現自我。於是我們擺出前所未有的、新穎的、企圖表現自我的身體律動。當其他人也對這樣的動作繼續產生共鳴時，就能最大程度提高興頭帶來的快感。

如果說在此之前的快感，也就是表現自我的快感，可以用「興味（흥）」來形容，那麼當自己的興致或興味獲得認同，可以毫無保留地抒發自己內在的潛力時，那時的快感就是「興頭（신명）」。「能毫無保留地抒發自己的情緒」，才稱得上是興頭的本質。

當韓國人說興味盎然時，意思是有著強烈的自我表現的欲望。而當自我表現的欲望有了底氣，也就是自我表現獲得他人的共鳴和認同時，當事人就能發揮出真正的潛力。這也是為什麼需要有人去理解表演者的興致，並且與之交流。因為這是讓眾人進一步玩到興頭上的重要時機。

興頭既有個人經驗的範疇，例如表演者自身的興致，也有群體之間的高漲情緒，出現在觀賞和參與表演者演出的群眾身上。站在表演者的立場，「好扯」意味著撕開自我表現的侷限，撕掉限制我個人的束縛，進而擴大自己的世界；至於觀賞者或參與者的「好扯」，則代表脫離了至今為止平凡無奇的觀賞和角色，進入表演者創造的新世界裡。

儘管表演沒有多久就會結束，表演者短暫的激情和參與者短暫的觀賞終將畫下句點（一般綜藝節目的長度就是如此），不過傳統意義上的興頭才正要開始。因為我們打破了日常生活和新世界的界線，打破了表演者和我們自己的界線，和這一刻與我們同在的所有人合為一體，進入了無法區分自己的行為和自己，無法區分表演者和參與者，也無法區分你我的狀態。

那樣的狀態揉合了自我表現的喜悅、他人理解我的感動、我理解他人的樂趣、現場所有人合而為一的幸福感。此時此刻，似乎只有那些人和我存在。

演唱會上，歌手可以在觀眾的跟唱中，體會到與觀眾合而為一的感受。一曲結束後，觀眾意猶未盡，高呼「安可」，於是歌手再次拿起麥克風，與觀眾合為一體，所有人都站了起來，不分你我，高聲歌唱。相信去過演唱會的人，都會知道我在說什麼。

像這樣毫無保留地盡情釋放後，這段期間累積的壓力或怨恨等負面情緒，都將一掃而空，這也是興頭的另一種功能。隨之而來的是舒暢和爽快的解放感，自信和滿滿的幸福感填滿了所有間隙。這正是任何事物都無法比擬的最佳經驗。

韓國人從小在文化中體驗了這樣的狀態，也似乎有意達到這樣的狀態。只要有開心的事情，就努力將開心最大化；即使有悲傷、痛苦的事情，也要克服它，努力品嘗到興頭的滋味。興頭超越了藝術的領域，深深影響著韓國文化和韓國人的生命。這也是韓國人總想「扯」掉眼前界線的原因。

為什麼日本人回到空屋也會打招呼？

在日文當中，有一些在特定情況下一定會使用的表達方式。例如打招呼分為上午說的「日安（こんにちは）」和晚上說的「晚安（こんばんは）」，吃飯前要說「我開動了（いただきます）」，出門的時候要說「我走了（行ってきます）」，回家的時候要說「我回來了（ただいま）」等。

多年來觀賞日本電視劇和動畫，我覺得最神奇的地方，是這些特定情況下的用法，一定會在該情況發生時使用。其中我最難以理解的，是主角每次回到無人居住的空屋時，一定會說「我回來了（ただいま）」。

「我回來了」有一個對應的句子，那就是「你回來了（おかえり）」。回家的人說「我回來了」，在家裡迎接的人就要回答「你回來了」。問題是明明家裡沒有人迎接，卻還要說「我回來了」？怎麼想都覺得奇怪。

當然，韓文當中也有特定情況下使用的表達方式，但是韓國人沒有非得在特定情況下使用特定用法的堅持。相信有不少讀者自己一個人住，應該不會在回家的時候，對著空屋喊

「我回來了」吧？

我也獨居了十年左右，但是一次都沒有那樣說過，更不曾有過一定要那樣說的想法。儘管韓文裡也有「我回來了」的用法。

在這方面，韓文是相當靈活的語言。在日文應該說「我回來了／你回來了」的情況下，韓國人可以說「外出回來了（다녀왔어）」「出門回來了（갔다 왔어）」「回來了（왔어）」「是我（나야）」，無論如何，只要表達我這個人「已經回來」就好。而迎接的人不僅可以說「快過來（어서와）」「進來（들어와）」，還可以使用「外出回來啦？（잘 다녀왔어？）」「出門回來啦？（갔다 왔어？）」「回來啦（왔어？）」等疑問句，或是「辛苦你了（고생했네）」「辛苦啦（수고했어）」「吃飯吧（밥 먹자）」等，無論如何，只要表示我「正在迎接你」就好。

在某個文化中有較為顯著的習慣，代表這種行為模式在該文化中具有重要意義。對空屋打招呼的行為，隱藏著日本人什麼樣的欲望呢？

這個問題一直埋藏在我心中，直到我看到《令人討厭的松子的一生》這部電影，才能體會「我回來了／你回來了」的意思。二〇〇六年上映的這部電影，因為內容相當大膽創新，有別於以往的日本電影，一時蔚為話題。不過我認為這是我看過的日本電影中，最具有日本特色的電影了。

松子是一名極度渴望愛情的女性。由於妹妹體弱多病，松子從未得到父親的關愛，又因為偶然捲入一次事件，從原本前途光明的老師墜落深淵。儘管她出賣肉體維生，最終因為殺人而入獄，然而在這個過程中，她徬徨無助，一直在尋找願意愛自己的人。

經歷多次失敗的愛情，深感挫折的松子，偶然遇到自己在獄中要好的朋友，度過一段愉快的時光後，決定去朋友家裡玩。抵達朋友家後，朋友說了聲「我回來了」，而門口迎接的丈夫也回答「你回來了」。然而松子聽見朋友丈夫的問候後，表情瞬間僵硬，立刻轉身離去。

朋友和自己不一樣，家裡是有人等她回家的。這個事實讓松子再度陷入絕望。這個世界上沒有任何人在等松子回家，就連父親和妹妹都拋棄了她。松子一輩子兜兜轉轉尋找的，其實是一個可以回去的家，一個願意迎接自己，對自己說「你回來了」的人。

直到松子死後，她才回到了家。她的一生自始至終都被愛情背叛，最後活成了繭居族，在深夜的公園被不良少年毆打致死。松子意外死亡後，靈魂終於回到了她心心念念的家。早已離開人世的妹妹，正在那裡等著松子。妹妹對結束了一趟艱難旅程的姊姊，說了一句「你回來了」，而松子也笑著回答「我回來了」。在世人眼中看來令人討厭的松子的一生，似乎就是為了聽到這一句「你回來了」而存在。

儘管松子只是一部電影的主角，然而她的願望如實呈現了日本人的欲望。電影《令人討厭的松子的一生》改編自山田宗樹的原著小說，該作品改編為電視劇、電影後，同樣大獲好評。儘管上映當時，部分電影界人士擔心（？）這類題材黑暗的電影不易賣座，不過據說票房賣得相當好。

日本人的人生，可以說是為了回到家的人生。雖然韓國人也會說「還是家裡最棒」，但是很難理解日本人回到家後的安定感。

在《羅生門》作者芥川龍之介的短篇小說中，有一篇名為〈台車（トロッコ）〉的作品。八歲少年良平在村外的工地上玩台車（工地上的軌道車），忽然間意識到自己離家非常遠了。因為他推台車推得太開心，一不小心來到了陌生的村莊。

良平十分恐懼，急得轉身快跑回家。一進到家門的瞬間，良平立刻放聲大哭，家人嚇了一跳，連忙安慰，卻怎麼也止不住良平的哭聲。〈台車〉的內容非常短，這就是故事的全部。

看著這部作品中第一次跑到村外的八歲少年，那純真的模樣令人忍俊不禁。這部作品某種程度反映了日本人的文化認識與欲望，他們認為家以外都是危險的地方，只有在家才能安心。

對日本人而言，外面的世界充滿了各種不得承擔的責任。在日本文化中，一個人如果不能扮演好自己的社會角色，就必須承受超乎想像的壓力。不僅可能遭到親朋好友的反目與撻伐，甚至可能被旁人霸凌。

或許是因為如此，日本人經常用「戰鬥」形容自己的人生。這種人生態度可以用「一生懸命」來總結，也就是賭上性命的意思。在日本動畫片中，經常可以看到甘冒生命危險參與大大小小戰役的主角。

對於這樣的日本人而言，當他們在外面過著戰爭般的生活，感到疲憊無力的時候，家便是一個願意接納自己，給自己溫暖的私人空間。在區分內與外的界線之內，就是家的世界。

「我回來了」是對另一個世界的招呼，那個迎接我歸來的世界。

對日本人而言，「牆」代表什麼意思？

「牆」是日本文化內容中，尤其是動畫中反覆出現的劇情設定之一，最具代表性的作品有《進擊的巨人》或《黑色子彈》等。在這些作品中，巨大的圍牆區分出內與外的世界。由於牆外埋伏著各種極端的危險，例如獵捕人類的巨人（《進擊的巨人》）或殺死人類的寄生生物（《黑色子彈》），因此人類築起高牆保護自己。但是只有牆是不安全的，人類總有一天要面對牆外的危險。

這些作品呈現的衝突，主要是「想走出牆外的人」和「想待在牆內的人」的對立。牆內固然安全，然而一旦牆被打破，必將面臨更大的危險。所以「想走出牆外的人」挺身對抗牆外的危險，企圖讓牆外的生活成為可能。

以「牆」為題材的文化內容，大多具有這樣的故事結構。這道牆是理解日本人心理相當重要的象徵。

日本人向來內外分明，而牆正是區分出內與外的界線。牆內是私人的領域、熟悉的世界、可以安心的地方，牆外則是鬼怪（怪物或敵人）的領域、未知的世界、無法安心的地方。

人類渴望在牆內受到保護。統一中國的秦始皇之所以修築長城，也是因為害怕自己熟悉的領地外的異族。但牆不是永恆不變的，只要穿破一堵薄牆，駭人的怪物就會蜂擁而至。人類永遠不知道怪物何時會破牆而入，就像萬里長城那樣。

牆內的人分成兩派，不是鞏固牆壁，繼續住在牆內，就是走出牆外，對抗怪物。容易感到害怕，渴望安全的人，選擇待在牆內。這些曾經在牆外遭受殘酷考驗的人，最終決定蟄居在牆內。藺居族正是如此。

對日本人而言，牆並不一定指水泥和磚頭砌成的實體牆壁。有時人與人之間，也會感覺到這種牆的存在。如前所述，日本人的人際關係可以用「本音（ほんね）」和「建前（たてまえ）」來概括，這便是在他人和自己之間劃出明確的界線。

在日本長住一段時間的朋友，經常會這麼說：「雖然跟日本朋友認識了很久，也覺得和對方很熟了，但是總覺得我們之間有一道無法跨越的牆。」韓國人認為朋友越熟，越沒有芥蒂和隔閡，可以「敞開心扉」往來，所以對於日本人這點難以適應。

一些分析認為，《新世紀福音戰士》的AT力場正象徵著這種人與人之間的牆。AT力場是攻擊地球的使徒身邊籠罩的一種保護膜，巨大人型兵器EVA要想擊退使徒，必須先打破AT力場，然而這個AT力場相當難纏。駕駛員碇真嗣經過好幾次的挫折和反省，連續使出幾道必殺技，才勉強打破。

這是古代表孩子長大後，如果想要離家展開自己的戰鬥，就得先打破人與人之間無形的牆呢？同樣的道理，唯有駕駛員和ＥＶＡ同步，ＥＶＡ才能打破ＡＴ力場，這點也是富有深意的。

想必各位都知道，ＥＶＡ（福音戰士）並非機器人，而是人造生物，是由真嗣父親碇源堂博士的妻子提供生物訊息所製造的。換言之，駕駛員（真嗣）藉由與母親的結合（同步率），獲得貫穿使徒ＡＴ力場的力量。

如果從前面提過的日本教養方式來看，子女和母親之間的同步率似乎不高。真嗣也是如此。仔細想想。真嗣會不會是因為那樣，才如此煩惱該不該開著ＥＶＡ和敵人對抗？

由此看來，牆雖然可以保護我們，不過有時也會是我們必須摧毀的對象。牆內固然安全，不過那樣只是坐以待斃。然而走出牆外也需要極大的勇氣。

這是因為外面有許多駭人的怪物。如果沒有決一死戰的覺悟，恐怕很難走出牆外。在有關「牆」的動畫中，主張走出牆外的大多是軍事集團。（例如《進擊的巨人》中的調查兵團）即使是身為軍人的他們，都在牆外接連犧牲，更何況是沒有經過專業訓練的一般百姓呢？這麼說來，日本人似乎真的得用「一生懸命」的精神來包裝自己。

有的日本動畫雖然沒有直接出現牆，卻講述了牆外的世界，那就是《海賊王》。這是講述一群海賊們在充滿海水的星球上冒險的故事。海上沒有牆。從離開港口的那一刻起，就可能遇上未知的怪物、敵人和風浪。

即便如此，人們之所以航向海外，是因為牆外可以獲得更多東西。哥倫布發現新大陸後，大量金銀財寶流入歐洲大陸。歐洲得以藉此累積技術和知識，從而領導全世界。

越過牆壁也意味著超越知識的侷限。「發現新大陸」不只是發現了一塊未知的土地，還有背後更深的意義，那就是人類衝破了自身的侷限。發現新大陸之後增加的知識，拉開了近代的帷幕。

《海賊王》中的海盜也是為了尋找傳說的寶物「ONE PIECE」，走遍了世界上所有的海洋。這片名為大海的牆無法阻擋他們，正如同大海無法阻擋大航海時代的諸多商船一樣。

但是恐懼是無可避免的。日本人在牆外世界可以依靠的對象，稱為「仲間（なかま）」。仲間是日本特有的小團體文化，韓文大致可以翻譯為「同事（동료）」。這正是《海賊王》的海賊們如此在意（？）朋友（仲間）的原因。

日本人在「仲間」之中獲得相當大的心理安定感。《海賊王》中的海盜即使和海中怪物打鬥而失去一隻手臂，眼睛也不會眨一下，無所畏懼。然而這樣的他們，卻願意為了仲間、為了成為對方的仲間而犧牲一切。

因為仲間是他們在危機重重的大海上可以信任、依靠的人。《海賊王》之所以長期在日本受到喜愛，原因或許就在於此。走出家門外的日本人，用仲間砌成一道牆，在這道牆內守護自己。

喜歡將任何事物區分出內與外，選擇留在內部空間，似乎是日本人的文化天性。但是人類不可能永遠留在裡面。走出牆外意味著知識的擴張，也是自己身處的世界的擴張，更是走向新世界的自我的擴張。

只要繼續待在自己熟悉的領域內，就永遠無法看見新的世界，也無法期待自我的擴張。不知道什麼時候，才能在日本動畫中看見這樣的訊息：「牆外也有人類生存，他們不一定是見人就想殺的存在，牆內的人也可以和他們和平相處。」

日本為什麼有這麼多變身的場景？

日本的文化內容中有不少變身題材，其中最具代表性的就是變身機器人，這裡不限機器人或人類。提到變身題材，最先想到的是《勇者王（ガオガイガー）》《太陽勇者（太陽の勇者ファイバード）》《天元突破紅蓮螺巖（天元突破グレンラガン）》《蓋特機器人（ゲッターロボ）》系列。日本著名的鋼彈機器人等角色，也屬於變身的動漫類型。

我們熟知的變身機器人「變形金剛」，也是源自日本。日本玩具大廠Takara Tomy所製作的戴亞克隆（DIACLONE），正是變形金剛的前身。後來美國玩具公司孩之寶（Hasbro）買下戴亞克隆，推出名為「變形金剛」的商品。漫威漫畫集團則推出變形金剛漫畫，之後便不斷出現我們熟知的美國變身機器人「變形金剛」系列。

人類變身的類型動漫不少，首先是魔法少女系列。想必還有人記得從前看《甜甜仙子（魔法のプリンセスミンキーモモ）》變身的橋段時，心裡莫名撲通撲通跳吧？從元老級的《甜甜仙子》，到《怪盜聖少女（怪盜セイント・テール）》《小紅帽恰恰（赤ずきんチャチャ）》《美少女戰士（美少女戦士セーラームーン）》，每部動漫都讓人充滿回憶。

另外像可愛女高中生的身體發射火箭的《最終兵器少女（最終兵器彼女）》、一部分身體出現變化的《寄生獸（寄生獣）》等作品，甚至是平時隱藏原本的模樣，遇到敵人進攻，就會變身戰鬥的《超新星閃電武士（超新星フラッシュマン）》《超電子生化人（超電子バイオマン）》《金剛戰士（パワーレンジャー）》等戰隊系列，也屬於變身作品的範疇。

當然，韓國不是沒有類似的變身作品，不過從製作時間來看，多數作品的原型應該源自日本才對。那麼我們不禁要有這樣的疑問：為什麼日本對變身這個主題如此敏感呢？是因為日本人的想像力更豐富嗎？還是日本的動漫製作人員更有巧思？在某個國家中尤其突出的文化現象，必然隱含著該國人民的心理。在這個理所當然的假設下，我試著開始探索日本的變身。

變身作品的核心在於身分的轉變，意思是故事中人物變成了完全不同的角色。那麼，我們是否可以由此推測出日本人渴望脫離現在的自己，變成其他角色的欲望呢？

變身題材在西洋文化中也可以看見，從小說《化身博士（Strange Case of Dr Jekyll and Mr Hyde）》，到電影「狼人」系列、「吸血鬼」系列、《綠巨人浩克（Hulk）》等，都是以變身人物為主角。近來流行的殭屍題材作品，如果從人變成殭屍這點來看，似乎也可以算是變身作品的一個類型。

西方世界的變身作品，最大特徵在於變身後大多其貌不揚。雖然擁有強大的力量，但是外表很……不是任何人都能欣然接受。從這點來看，西方世界變身作品中變身後的模樣，似乎象徵著內心的陰暗面。

任何人內心深處，都會有不為人知的骯髒、危險的欲望，心理動力理論學家榮格稱之為「陰影（shadow）」。一個人外表看起來越明亮開朗，內心的陰影就越深。

一般人很難自我認識到內心的陰影，即使發現了，也不願承認。《化身博士》講述了主角擔心這種內心的陰影忽然竄出，可能改變現實生活中的自己。而這種敘事結構，也反覆出現在漫威漫畫中的英雄浩克身上。浩克原是一名天才科學家，因故變身為充滿憤怒的怪物。

另一個值得一提的作品，是卡夫卡的小說《變形記》。內容講述一位名為格勒果的年輕人，一夜之間忽然從平凡的上班族變成一隻醜陋的大蟲。過去為貧窮的家庭犧牲奉獻的格勒果，在變身為大蟲後，遭到家人遺棄，只能待在堅硬的甲殼內走向死亡，斷絕與外界的所有聯繫。

一九一五年出版的《變形記》，被稱作是一部刻畫人類在現代工業社會中害怕遭到工作和關係拋棄的作品。人類如果只能在工作中獲得價值，一旦有一天再也不能發揮這個價值，就會在一夜之間被當成蟲子。這部作品也可以讀出人類「對於存在的不安」的關鍵詞。

在個人主義文化圈中，重視身為獨立個體的個人維持表裡一致的自我。所以當人們發現自己的外在形象和自己所認識的自我，與內在的自我全然不同時，就可能感到不安。

就像個性溫和的紳士傑奇博士，內心隱藏著黑暗的自我海德先生，或是天才科學家的另一面是憤怒的浩克一樣。狼人和吸血鬼系列也講述了人類本性的陰暗面，至於不具備人格性的殭屍，也被解讀為是象徵著個性和人性逐漸消失的現代人。

但是在日本的變身作品中，變身後的形象並不是主角內在的另一個自我，而是原本主角不曾擁有的外貌和能力。換言之，那不是主角的自我，而是主角心中理想的自我，是主角渴望成為的模樣。

在日本的變身作品中，主角變身後的角色通常非常強大、漂亮，擁有神祕的能力。無論變身後的主角是否在自己過去的身分和新的身分之間無所適從，變身後的模樣大多是美麗的、漂亮的。

日本文化是相當死板的文化。社會上充斥著各種必須遵守的規範和應盡的義務，如果沒有做好該做的事情，或是做了不該做的事情，就會招致旁人的欺負或是感到難以啟齒的羞恥。

生活在這種文化中的人，最終將塑造出受限的自我形象，他們只對自己被賦予的工作盡心盡力，卻難以思考在這以外的事情。這種將注意力放在他人身上，被動完成他人吩咐的任務的自我，在文化心理學上稱為「客觀自我」。在日本文化中，日本人正是用「客觀自我」來看待自己，並在此之上面對各種欲望和不安。

所以，他們出現了變成另一個角色的欲望，去實現真實生活中的自己絕對辦不到的事情。變身後的自己美麗又強大，只要擁有這樣的力量，就能完成所有落在我身上的義務（例如保護朋友、拯救世界等）。

變身後的主角，也有不一樣的煩惱。在西方世界的變身作品中，主角在兩個不同的自我之間煩惱哪一個才是真正的自己，而日本變身作品的主角則沒有那樣的煩惱（例如魔法少女系列、戰隊系列）；就算有，也是煩惱如何接受自己變身後的角色，而不是思考哪一個自我才是真正的自我。

其實變身前後的角色混亂，正是日本變身作品的重要主題之一。真嗣自始至終都無法理解，自己為什麼非成為福音戰士的駕駛員不可；《東京喰種（トーキョーグール）》的金木研或《進擊的巨人》艾倫，也無法理解自己為什麼會成為喰種或是巨人，不過他們還是為了戰友或是某人，最終接受了變身後的身分。

我認為西方世界和日本在變身作品上的差異，首先是源於個人主義文化和集體主義文化的不同價值觀。在強調獨立、表裡一致的個人主義文化，以及必須根據情況扮演不同角色的集體主義文化下，人們透過「變身」這樣的象徵方式，展現出各自文化帶來的不安和恐懼。

不過這裡還有一個問題。如果說煩惱自己該如何扮演好兩個完全不同的角色，是集體文化當中的普遍現象，那麼在東方的其他國家，類似的文化內容應該也很常見吧？不過正如各位所知道的，日本是變身作品的原產地。

在韓國，變形金剛、魔法少女、戰隊題材等日本文化內容，當然也深受兒童、青少年或部分動漫狂粉的喜愛，但是我們很難說這是跨越年齡和階層的普遍文化現象。更重要的是，其他國家（包含韓國）產出的變身作品，任誰看來都是仿效原型，也就是日本變身作品的公式。

這麼說來，變身作品並非集體主義文化的普遍現象，而是根植於日本文化的特殊性。換言之，無論是變身為自己原本不具備的理想形象，或是對變身後的新角色出現認同混淆，這些都不是集體主義文化的普遍現象，而是源自日本文化。

日本動漫主角為什麼堅持使用必殺技？

常看日本漫畫的讀者，經常會看到這樣的畫面，那就是主角使用必殺技的場景。龜派氣功（かめはめ波）、認真拳（マジ殴り）、霸王色霸氣（覇王色の覇気）等，應該都是耳熟能詳的必殺技吧。甚至壞人們為了讓主角使出必殺技，還會耐心等待主角集氣，做各種不必要的動作，或是等主角回憶過去。

接著才被主角的必殺技打倒，說出以下台詞。

「你果然很厲害……」「雖然我們是敵人，但是我必須承認你很強……」等等。

雖然很不合邏輯，但是這也是看日本漫畫的樂趣所在。

是的。日本許多文化內容使用必殺技，目的就是為了凸顯主角的強大。敵人越強大、和敵人的對戰越激烈，主角就需要越強大的必殺技。主角可不能輸掉或死掉啊，那樣故事就結束了。

而且即使遇到強大的敵人，輸掉一兩次的對戰，主角也會遇到退隱江湖的高人，或是以個人堅韌的意志，開發出新的必殺技，最終以這個必殺技擊退敵人。不只是打打殺殺的漫畫如此，像鋼彈之類的機甲類作品或體育類作品，也一定會出現必殺技。

從三、四十歲男性都不陌生的《足球小旋風（燃えろ！トップストライカー）》的飛鷹魔球開始，到足球、排球、籃球、網球、桌球等球類運動，必殺技的種類數不勝數。對必殺技的想像力也越來越天馬行空，甚至還有打網球打到一半，整個時間和空間全都改變的作品（《網球王子》）。

日本人對必殺技的熱愛，不只出現在漫畫中，現實生活中也可以看見。尤其是在體育比賽方面，選手的獨門技巧更被視為一種必殺技。例如韓國滑冰女王金妍兒的對手淺田真央，她的三周半跳就是最著名的案例。

又例如在平昌冬季奧運會花式滑冰男子單人項目中摘下金牌的羽生結弦，他的新目標是超越四周跳，成功挑戰五周跳。羽生結弦已經摘下兩面奧運會冠軍，為什麼還覺得四周跳不夠，要挑戰五周跳呢？

必殺技的本質，在於瞬間壓制敵人的超強技術。是的，必殺技是日本人追求的「強大」最大化的境界。這種強大不是一般的強大，而是「壓倒性」的強大。換言之，日本人追求的強大是「壓倒性的強大」。

在上屆平昌冬季奧運會短道競速滑冰女子接力項目準決賽中，韓國隊雖然有一名選手中途摔倒，最終仍獲得冠軍。美國、加拿大、英國等西方賽事解說員，都稱讚「太夢幻了」

「難以置信」「太厲害了」「太驚人了」，日本主播則使用「強大」的形容詞，而且還是「壓倒性的強大」。

從這樣的形容中，我們不難想見必殺技對於日本人究竟有什麼樣的意義。必殺技是讓主角擁有「壓倒性的強大」的技能，換言之，主角必須強到能壓倒對方才行。各種文化內容的主角身上，都會投射出該文化成員的欲望。如此看來，日本人不僅要強大，還必須是壓倒性的強大才行。這個原因究竟是什麼呢？

日本人堅持「世間的一切（人類）都必須在固定的位置上扮演固定的角色」。第二次世界大戰結束後，依然堅守崗位數十年的軍人，或是延續數百年傳統工藝的匠人，都是其中的代表。在社會賦予自己的位置上，扮演好社會期待的角色，是日本人最熟悉，也是最舒服的生活模式。

可是一旦做不到這點，日本人就會感到嚴重的不安和不舒服。日本的羞恥心（はじ），正是這種情緒的表現。考試落榜或輸掉比賽時，羞恥心固然可以激發人們奮起，然而對日本人而言，更多的情況是喪失信心，從此陷入憂鬱之中。

根據露絲・潘乃德的《菊與刀》當中引用的研究，競爭刺激美國人付出最大的努力，然而在日本人身上卻會降低工作效率。因為擔心失敗，所以工作變得力不從心。日本人將競爭看作外來的攻擊，所以他們的注意力轉向了自己和攻擊者的關係，而不是專注在自己的工作上。

這正是日本人在分出勝負的競賽中較為弱勢的原因。越是實力受到認可、名聲越響亮的人，越了解其他人對自己的高度期待，也深自了解自己應該要符合那樣的期待。只有那樣，他們才能「在自己的位置上扮演好自己的角色」。

但是在瞬間分出輸贏的競賽場上，這種想法反而分散了注意力，變成讓自己無法發揮實力的絆腳石。這時，必殺技就能幫助日本人消除競賽的不安和失敗帶來的羞恥。

如果我們強大到足以壓倒對方，就不必擔心輸掉比賽，也不會辜負他人對我們的期待。換言之，必殺技是讓日本人「在自己的位置上扮演好自己的角色」的工具。

不過另一方面，我們也可以說「在自己的位置上扮演好自己的角色」，為日本社會帶來超乎想像的壓力。一個人為了在社會上扮演好自己的角色，甚至還需要「必殺技」。

巨人和帝國主義的鄉愁

日本有不少文化內容出現巨型機器人、巨人、怪獸等巨大角色。首先從巨型機器人來看，有最具日本特色的機器人「鋼彈」，還有各種數不清的巨型機器人，例如有一段時間被韓國人誤認為是國產漫畫的《無敵鐵金剛（マジンガーZ）》和《鐵人28號（鉄人28号）》《鐵甲飛天俠（アストロガンガー）》《金鋼戰神（UFOロボグレンダイザー）》，此外還有《蓋特機器人》《電磁超人飛金剛（合身戦隊メカンダーロボ）》《海王星戰士（サイコアーマーゴーバリアン）》《機動警察（機動警察パトレイバー）》《勇者王》等，光是列出這些名字，就足以耗費不少時間。

接下來是巨人題材，作者有軍國主義色彩爭議的《進擊的巨人》，就是最具代表性的作品。小時候常看的《奧特曼》系列中的奧特曼，其實也是外星世界身高達數十公尺的巨人族。另外，《新世紀福音戰士》中的EVA其實也是巨人，不是機器人。之所以看起來像機器人，是為了要保護巨人的身體。

還有一些不算巨人，但是是巨神的角色，也值得一提。正如「巨神」的名稱所見，這樣的角色擁有巨大的外型和強大的力量。例如《風之谷》的巨神兵僅僅用了七天，就將整個世界變成火海。巨神兵也出現在《天空之城》裡，甚至是抽牌對戰的遊戲漫畫《遊戲王》，也有巨神兵（歐貝利斯克的巨神兵）。

接著是怪獸。日本最著名的怪獸是哥吉拉。哥吉拉早在一九四五年就已登上大銀幕，是吸收核能事故的輻射後甦醒的古代怪獸。它的嘴巴能發出光線，任何武器都傷害不了它。除了哥吉拉之外，還有哥吉拉最大的敵人基多拉、被譽為怪獸電影第二把交椅的卡美拉、有著一雙大眼睛又可愛的摩斯拉等，分別出現在不同系列的怪獸電影中。這些怪獸還經常出現在機器人作品或戰隊作品中。因為主角強，敵人當然也要強才行。

寫到這裡，不禁想起兒時和朋友們擠在一起看《怪獸大百科辭典》，一邊認真討論著毫無意義的話題，例如誰和誰對打，誰會贏的時光。我只是列出巨大角色的種類而已，就已經寫這麼多了。相信年齡稍大的讀者，都回味了一把童年了吧。

巨型機器人、巨人（巨神兵）和怪獸的共同點在於又大又強。日本動畫的機器人身高從五、六公尺到數百公尺都有，像《超時空要塞》有的生物高達一公里，《天元突破紅蓮螺巖》的某些機器人甚至超過光年，令人難以置信。相較於巨型機器人，巨人和怪獸的身材較為嬌小，不過還是能看見不少八十到一百公尺以上的角色。這不是一介人類可以比擬的。

顧名思義，這樣的角色是難以撼動的、壓倒性的存在。日本文化內容中對無比巨大的、壓倒性的角色的渴求，可以解釋為心理動力理論中所說的「認同作用」的防衛機制。

孩子到了四歲左右，隨著認知的發展，開始認識到自己是一個個體。也是從這時開始，他們會好奇自己和父母、親戚之間的關係，或是在意性別區分。佛洛伊德將這個時期稱為「性器期（phallic stage）」，嘗試用性慾來說明，著名的伊底帕斯情結（Oedipus complex）就屬於這個時期。

男孩愛上母親這個異性，而女孩愛上父親這個異性，但是父母的存在卻成為孩子們欲望的絆腳石。孩子們欲望不僅沒有實現，甚至感受到生命的威脅，必須盡一切努力擺脫這種不安和恐懼，這正是認同作用的防衛機制。他們將父親或母親與自己畫上等號，為了解決這種不安而開始尋找新的自我。

多數人只用性慾來解釋佛洛伊德的性器期，其實和性慾同樣重要的是主體性問題。伊底帕斯情結就提到了孩子將自己視為客體後，決定自己應該成為什麼模樣的過程。

經過這個過程，男孩開始想變得和父親一樣，女孩則想變得和母親一樣，這正是在家庭中完成的社會化基礎。換言之，對強壯、巨大存在的仰慕，是幼兒期／青少年期的普遍動機。孩子們弱小又尚未成熟，被自己夢寐以求的對象吸引是相當自然的事。

在養育孩子的時候，父母一定會在孩子四到七歲之間遇到「恐龍期」，也就是孩子特別著迷於恐龍，熱愛恐龍的時期。在這個時期，我家老二將來的夢想是成為「異特龍」。孩子們喜歡恐龍，是因為對恐龍產生認同作用。在自我開始發展的時期，他們希望弱小的自己可以成為巨大又強壯的存在，而這樣的希望就表現在對恐龍的關注上。

進入青少年期，主體性的問題再次浮上檯面。這個時期的青少年在已經發育成熟的生理和相對不成熟的心理之間，在充滿理想的自我形象和現實難以實現的自我之間徬徨不定。他們需要一個投射心中理想形象的對象，於是開始尋找自己的英雄。

擁有強大能力的巨型機器人，是經歷主體性混亂的青少年渴望認同的對象。巨型機器人裡的駕駛員，大多是瘦弱的少年或少女。這些不能喝酒，也沒有投票權的少年、少女，登上了拯救人類世界的機器人裡。

青少年成為駕駛員後，面對突然擁有的巨大力量信心滿滿，卻又對這個力量伴隨而來的責任感深深苦惱。即便如此，主角們最終仍完成與機器人的結合（同步率），成功拓展了自我。

但是，將日本文化中對巨大存在的渴望，解釋為兒童期或青少年期短暫的欲望，是非常膚淺的分析。因為當某個現象反覆出現在某個文化裡，就證明了該文化成員具有這樣的文化欲望。

對巨人存在的渴望，其心理因素可能源於認同作用的防衛機制，而這樣的防衛機制顯示了一個事實：他們的欲望已經超越了性器期或青少年期的家庭，擴大到整個日本文化了。

顧名思義，防衛機制就是在欲望遭遇挫折，或是欲望無法被滿足時，保護自我遠離殘酷現實的機制。從另一個角度來看，如果對巨大存在的認同作用持續出現，就代表著日本人不斷渴望成為巨大的存在，而且這種欲望是很難滿足的類型。

換言之，日本人渴望成為強大又有影響力的存在，但是現實生活中無法滿足這樣的欲望，於是透過對文化內容中的巨型機器人、巨人、怪獸的認同來完成。此外，我認為這不僅反映了日本每個人的欲望，也反映了日本人期待的「日本」。

鋼彈是最受日本人喜愛的機器人，其外型正是日本武士。鋼彈標誌性的刀劍（光束軍刀）和尖角頭盔，任何看了都會聯想到日本武士。武士是日本人產生認同作用的最佳對象，也是代表日本的文化象徵。

巨人或巨神兵通常被設定為「古代生物」。古代指的是過去，而非現在。我想日本歷史上政局最安定，而且在文化、經濟上都有輝煌發展的江戶時代，以及躋身世界強國的二十世紀初日本，或許被投射到了巨人或巨神兵身上。

怪獸也是如此。被稱為日本怪獸始祖的哥吉拉，是在核能事故後甦醒的古代怪獸。這裡「古代」的意義應是上述提到的古代。哥吉拉以壓倒性的姿態橫掃敵人的形象，其實隱含著日本人希望日本在第二次世界大戰遭到兩顆原子彈轟炸後，能夠重新找回往日榮耀的渴望。

在近年播出的《進擊的巨人》中，有一段劇情支持了這樣的分析。《進擊的巨人》除了巨人之外，還有「牆內世界」和「牆外威脅」這種相當具有日本特色的符碼，而這段劇情正是關於至今威脅著主角性命的巨人的真實身分。

劇中人們一直視為敵人的巨人，其實和牆內的人都是相同的種族。牆內的人們過去曾經締造強盛輝煌的文明，然而在戰爭中失敗後，他們忘記了往日的榮光，被關在牆內過著卑躬屈膝的生活。

所以整體劇情應該會是這樣展開的——人們找回自己過去身為巨人曾經強盛輝煌的歲月，重新開啟巨人稱霸天下的時代，忘記過去受盡委屈的記憶。這正是《進擊的巨人》爆出爭議的地方。

《進擊的巨人》近幾集故事中出現的巨人歷史，以及主角對這段歷史的認知，與今日日本試圖忘記過去對殖民地人民所犯下的罪行（徵兵、慰安婦等）和戰敗的歷史，一心夢想建設軍事強國的步調，竟如此驚人地相似。這只是偶然嗎？

據說在過去的日本，小小人的故事反倒比巨人故事更多，例如體型只有拇指大小的一寸法師、誕生於桃子的桃太郎、體型像人偶一樣小的豆右衛門、日本版拇指姑娘輝夜姬公主等。這些故事都有相似的結構，那就是主角雖然體型嬌小，但是最後都成功打敗敵人。

由此看來，至少到過去的某個時間點為止，日本人似乎都將自己視為微小的存在。儘管體型較小，但是充滿智慧與勇敢。然而到了近代，日本出現了對巨人的憧憬，顯示這種自我意識如今已經有所改變。

這是因為過去對自己是「微小的存在」的認同，已經無法呼應現代日本社會對每個人要求的「強大」，以至於需要讓自己變成壓倒性強大的自我嗎？還是因為自己不知道何時開始變得停滯、破敗，才回想起曾經強盛的過去呢？

日本人越線的原因

日本人喜歡為所有事情設下一道牆，在牆內安穩待著。即便如此，日本人還是有幾次跨越這道牆的時候，其中最有代表性的就是「脫亞入歐」。

脫亞入歐的意思是脫離亞洲，進入歐洲，源於日本近代化之父福澤諭吉的的脫亞論主張。日本認為當時的朝鮮、清朝等亞洲國家極度落後，即使聯手合作也沒有任何好處，必須脫離亞洲，與歐洲並肩同行。

日本事實上也吸收了歐洲的文物，成為亞洲第一個成功現代化的國家。日本亦步亦趨跟著歐洲的發展軌跡，開始侵略韓國和中國、東南亞等地，仿效英國、法國建立帝國。

對於已經習慣長久居住在「日本」這個地區的日本人而言，征服亞洲自然是一次脫離島國限制的經驗。當然，日本也像歐洲許多國家一樣，沒有和殖民地一起留下美好的回憶。

日本的脫亞入歐甚至走向了妄圖和德國、義大利等國各據世界一方的野心，只是在引爆太平洋戰爭後，最終以失敗告終。大概是曾經和歐洲列強稱霸世界的記憶太過鮮明，「脫亞入歐」成為日本對外認知的重要一環。

或許是因為如此，在日本的文化內容中，有不少作品主角是歐洲人。例如《小甜甜》或《凡爾賽玫瑰》，甚至是鋼彈系列和《進擊的巨人》。主角有著歐洲人面孔和歐洲人的名字，卻用日語對話，表現出與日本人無異的行為模式。這似乎是日本人將自己的形象投射在主角身上。

總而言之，在日本人以脫亞入歐為主體的對外認知中，亞洲是未開化的，歐洲是優越的，所以自己更接近歐洲，而非亞洲。於是後來就出現了這樣莫名其妙的事情。根據《當中國統治世界（When China Rules the World:The Rise of the Middle Kingdom and the End of the Western World）》的作者馬丁・賈克（Martin Jacques）所言，日本確實曾於一九九九年提及有意加入歐盟。

當然，日本政府並非正式向歐盟提出申請，而是在某次會議上提及的話題，但是這樣的主張不禁讓人懷疑自己的耳朵。我差點就要翻開字典查ＥＵ（European Union）是什麼意思了。日本真的認為自己是歐洲嗎？

從十九世紀下半葉開始，日本打著脫亞入歐的旗幟積極推動近代化。如今已經過了一個多世紀的時間，當時日本在自己和亞洲之間設下的牆，至今似乎依然鮮明。日本人是不是故意轉過頭去，不願看曾經被自己踩在腳下的韓國和中國，在這段時間經歷了什麼樣的改變，又達到了什麼樣的成就呢？

日本人的這種態度，顯示了他們在事態發展不如預期的情況下，盡可能不去看改變的現實，而是選擇相信自己想像的內容才是真實。其實這麼看來，日本還存在著與此相似的文化。

那正是角色扮演。角色扮演的英文Cosplay，是costume＋play的日式縮寫，指的是打扮成動畫或遊戲、電影中的角色，身穿同款服裝和配件，到指定地點集合拍照、玩樂的文化。正如日式新造詞Cosplay一詞所見，任何人都無法否認這是個起源於日本的文化。

日本人在現實生活中如此清楚地劃分自己的領域和角色，卻出乎意料地創造出了跨越現實與想像界線的這種文化，一方面令人驚訝，一方面也相當有趣。

當然，韓國喜歡角色扮演的人大有人在，但是不像日本那樣一年舉辦四千到五千場活動。我們必須關注的，是日本人透過角色扮演來滿足欲望。心理學家平松隆円認為，人們透過角色扮演獲得脫離日常自我的快感。

日本是有許多日常規範必須遵守的社會，每個人都對自己必須扮演的角色和社會目光感到壓力。當然，這點韓國也是一樣的。要想以社會成員的身分過上穩定的生活，確實有許多需要遵守的規則，還有許多要做的事情，這在任何一個社會都是一樣的。

差別在於面對這種壓力的方式。日本人為了體驗與平常不同的自己，創造出Cosplay文化。不過有一點必須特別說明，那就是角色扮演後的我並非現實中的我。角色扮演是所有人在約定好變身的地點，暫時假裝不是自己的行為。

這可能是源於不願直面現實的欲望。因為角色扮演的人雖然在現實中扮演想像世界中的角色，不過這個角色並非真實存在。一旦扮演者離開了活動現場，可能會被嘲笑「腦袋有問題」。

其實更大的問題在於現實生活中的自己。逃避現實並不能解決現實中的問題，也很難和現實中的人建立良好的關係。這些人真正需要的，是在想像世界中面對自我和現實。我要再次強調，不是所有玩角色扮演的人都是這樣，我想談的是逃避現實可能造成的影響。

脫亞入歐這個荒唐的口號，就像角色扮演的人以為自己成為夢寐以求的主角一樣，讓日本人陷入「我是歐洲人，不是亞洲人」的幻想中。尤其是在國家運作上發揮重要影響力的高官，更是如此。

他們似乎在自己的想像中成為歐洲人，在韓國、中國等民智未開、難以往來的種族之間，產生尊貴高尚的優越感。就像十九世紀末的歐洲列強一樣，蔑視其他未開化的鄰居，要求他們聽從自己的話。

然而那並非現實。我想這些人迫切需要的，是在自己想像的世界中正視自己和世界，問題出現就好好解決，如果和鄰居／鄰國關係出現裂痕，就從現實面著手改善關係，這才是他們該有的態度吧？

然而他們非但不反省過去，還一副自己才是受害者的樣子，角色扮演受害者，這個現象不正反映了日本人不願面對現實的心理嗎？

從寶可夢看日本的朋友概念

精靈寶可夢是近年最受歡迎的日本文化內容，講述從口袋（Poke）取出的精靈球（Monster Ball）裡，會跑出五花八門的怪獸。自一九九七年首播以來，這部動畫已經逐漸成為世界級的文化現象。

精靈寶可夢動畫不僅在韓國深受歡迎，周邊商品專區也連續幾年佔據超市玩具櫃檯的一角，深深吸引著孩子們的目光。幾年前一款名為《Pokémon GO》的擴增實境手機遊戲，在全球颳起一陣旋風，深受男女老少的喜愛。

還記得當時看過許多人一窩蜂湧向抓寶點，拿起手機抓寶的稀奇景象，甚至還有人為了抓寶而被絆倒或碰撞，發生一堆意外。當時我家老二才五歲，想跳進海裡抓寶可夢，我費了一番唇舌才阻止這件事。

在我撰寫這篇文章的當下，家中其實還散落著妙蛙種子、傑尼龜、伊布等寶可夢娃娃和精靈球。每次快要忘記精靈寶可夢的時候，家裡某個小惡魔就又會買回來五百韓元①有好幾張的寶可夢卡牌。

精靈寶可夢不僅動畫深受歡迎，公仔、玩偶、遊戲等周邊商品的銷售收益，也達到了全球第一的程度。現在，我想透過這個難得一見的文化內容，深入分析日本人對朋友的想法。

精靈寶可夢的情節相當簡單。主角收集世界各地棲息的怪獸，放進精靈球中，每次遇到敵人，就會派出自己的怪獸上場戰鬥。

雖然畫面色彩鮮明，畫風精巧優美，又有各種可愛鮮活的角色，不愧為主打兒童青少年的動畫，但是精靈寶可夢是典型的日本故事線，每次打敗敵人，就會出現更強的敵人；為了打敗更強的敵人，就要讓自己變得更強。

在這個故事線上，再加入五花八門的寶可夢。精靈寶可夢並非主角親自對戰，而是由主角收集而來的寶可夢代替主角戰鬥。寶可夢就住在精靈寶可夢世界的各個角落。

寶可夢的類型相當多樣，有像鯉魚王一樣毫無用處的寶可夢，也有像阿爾宙斯一樣創世神等級的寶可夢。寶可夢原本過著自由自在的生活，某天被人類捕獲後，便就此困在精靈球裡。他們和擁有者之間的關係被定義為朋友關係。

動畫中不乏特別難纏的寶可夢，不過一旦他們進入精靈球後，就不會違背主人的命令。無論什麼時候，只要主人掏出精靈球丟出去，寶可夢就會跳出來和初次見面的敵人對打。即

① 約合台幣十元。

使戰鬥過程中因為力氣耗盡而倒下，也絕對不會退縮。輸掉戰鬥後，主人會稍微同情一下，接著鼓勵寶可夢「要變更強喔」。

這種關係稱得上是朋友嗎？令人驚訝的是，精靈寶可夢並未進一步對這種關係感到苦惱。寶可夢隨時都在身邊（口袋裡），只要主人需要，他們就會出面代替主人完成。這就是寶可夢全部的任務。

雖然這樣的解釋稍嫌片面，不過這種「朋友關係」也可以在其他日本文化內容中發現。在海賊王魯夫的故事《海賊王》中，魯夫走遍世界各地，收集形形色色的朋友。

雖然這些朋友都有各自曲折的故事，但是在魯夫一句「你做我的朋友吧」的單方面要求下，最後都成為了魯夫的朋友。從這時開始，即使天塌下來，也摧毀不了他們堅固的友情。當然，魯夫真心理解朋友的角色力量，也是不能忽視的要素，但是在日本文化內容中，很難看見朋友之間的衝突、反目或背叛等元素。

在日本文化內容中，當朋友遭遇危險時，其他朋友必定不顧自己的性命去拯救朋友。他們平時也相處融洽，給予彼此最溫暖的祝福。如果出現些微爭執或衝突，就會有人出面，用理所當然的勵志名言解釋友情的珍貴。

尤其是在《金剛戰士》類的戰隊作品中，經常可以看見日本這種名為「仲間」的朋友概念。「仲間」是理解日本人的重要概念之一。

根據文化人類學家米山俊直的主張，仲間指的是某種職業共同體或團夥，而仲間意識則是他們共同具備的同事意識。仲間透過仲間意識團結群體，共享群體的利益，同時對其他群體產生排他性。

仲間自有一套維持仲間的規範，會毫不留情地嚴懲違反規則或不合群的人。在黑道電影等作品中，經常可以看到這樣的場景。

仲間是為日本人帶來心理安定感的基本組織。那些和自己社會地位、社會角色類似的人所組成的仲間，是日本人在日常生活中遭遇角色衝突時，能在背後支撐自己的力量。

因此，日本人極力避免脫離仲間的規範，或是做出仲間所不允許的事情。在仲間內部，必須表現出一派和氣、永遠為彼此著想的樣子。這樣的現象，可以說和歷經角色衝突的青少年不願意離開同儕團體，有著異曲同工之妙。

另一方面，也有學者批評這種仲間意識的弊端。社會學家土井隆義表示，日本的年輕一代陷入了所謂的「朋友地獄」。因為害怕被朋友（也就是仲間）排擠，所以年輕人將所有精力放在維持表面良好的關係上，最終使他們的生活疲憊不堪。

社會學家宮台真司形容日本年輕世代住在「島嶼宇宙」。這個世代過度專注在和自己有重要關係的仲間上，建立了和其他群體絕緣，只有自己人的世界。與外界隔絕，並且逃避團體內部可能發生的衝突，是日本由仲間組成的朋友關係的一大問題。

友情在韓國也是相當珍貴的。每次想到朋友永遠站在自己這邊，陪伴在自己身旁，心裡就踏實不少。但是在韓國的文化內容中，朋友之間不會只有理性的往來或合乎情理的行為。在電影《朋友》《陽光姐妹淘》《請回答》系列中，可以看見朋友們不停爭吵又和好，和好又爭吵。雖然朋友之間也有關係不錯的時候，但是各式各樣的衝突持續在朋友之間上演，小自些微的誤會，大至主導權之爭、與異性之間的三角關係等。

對韓國人而言，友情是在誤會、反目、衝突和嫉妒中逐漸穩固的關係。那種「因為是朋友，所以要和平相處」的邏輯，即使在孩子們常看的兒童節目《淘氣小企鵝（뽀로로）》中，也很難找到。

以下是《淘氣小企鵝》主題曲當中的一段，知道的人不妨跟著唱。

雖然長相不一樣，個性也不一樣，我們還是朋友
雖然有時爭吵，有時鬧彆扭
我們還是隨時幫助彼此、理解彼此，我們是朋友，是好朋友喔

再看稍大一點的孩子觀賞的《哈囉小梅子（안녕자두야）》或《黑色膠鞋（검정 고무신）》，就講述了朋友之間嚴重的衝突。他們有時用難聽過分的話傷害朋友，有時直接和朋

友開打，打得鼻血直流。這種衝突有時太過激烈，還會被家長們批評「教壞小孩」。

對韓國人而言，朋友就是那樣。有時令人討厭，有時令人煩躁。原因可能只是誤會，也可能是個性所致。和朋友相處的過程，就是慢慢解開誤會，做錯的事情道歉，不懂的事情挨完罵再繼續學。如果這樣還解決不了，那就來一杯（當然是成年之後）；再解決不了的話，打一架解決也可以。

韓日兩國對朋友的觀念差別，可以說正是源於仲間和朋友概念的不同。日本的仲間是源於職業及階級共同體的概念，具有較強的公眾意義，強調仲間內部的義務，而韓國的朋友指的是「長久交往的好友」，從這裡可以看見鮮明的歷史。

在這段朋友交往的歷史中，自然會有誤會和反目、衝突和和解的回憶。因為雙方已經走過這整個過程，所以沒有必要過分客氣或說客套話。「開誠布公」是最適合用在朋友身上的形容詞。對韓國人而言，朋友正是讓自己在緊張、疲憊的日常生活中，可以稍稍安心休息的角色。

《朋友地獄：「閱讀空氣」世代的生存法則（友だち地獄——「空気を読む」世代のサバイバル）》的作者土井隆義認為，只在仲間內部追求和諧關係的日本年輕人，最欠缺的是直面問題的勇氣。一味迴避衝突，不顧他人的痛苦和傷痛，是無法和他人建立正常關係的。因為人類不可能過著與外界斷絕的生活。

日本不顧過去的歷史，單方面要求韓國遵守自己制定的標準，這種對待韓國的態度，或許是出於日本根深柢固的仲間意識吧。但是韓國不是「Kankokumon（韓國夢）」，不會乖乖待在精靈球裡，等日本大喊「就決定是你了！」，一邊丟出精靈球的時候，立刻跳出來，按照日本的想法行動。

歷史上共同經歷過許多風波的韓日兩國，如果想成為真正的朋友，首先日本必須了解其他國家人民是如何看待朋友的。

【文化判讀的基石】

潛意識在文化研究中相當重要的原因

在研究文化和文化塑造的人類行為時，潛意識是相當重要的主題。因為人類的行為不會只出現在意識階段。我想說的是，當我們詢問某人為什麼做出那樣的行為時，對方當然會給出某些回答，但這不一定是真的。

「文化」有公開顯現的顯性功能（manifest functions），和該文化成員都難以察覺的隱性功能（latent functions）。例如祈雨祭的顯性功能是「祈求降雨」，而隱性功能則是「減少不安和強化群體的團結」。

人們對於多數文化現象的回答，通常是顯性原因。因為人們沿襲自古以來的習慣，並不知道為什麼這麼做。在過去很長一段時間，文化的隱性功能被人們賦予的意義和儀式所掩蓋。

所以為了理解文化現象的真正意義，我們需要自我報告的問卷調查或訪談之外的方法。在探討隱性行為的心理學理論中，以佛洛伊德的心理動力理論最具代表性。該理論分析了潛意識的存在和潛意識出現的原因，以及潛意識對人類行為的影響。

但是在心理學領域中，心理動力理論和潛意識長期遭到強力排擠。主要原因當然是「不夠科學」。連當事人都不知道是否存在的潛意識，難以用科學的方法進行研究。當然，潛意識出現的原因和潛意識對人類行為的影響，也無法以科學驗證。

因此長期以來，潛意識一直被排除在心理學研究的範疇外。然而佛洛伊德或艾瑞克森基於心理動力理論和潛意識的人類發展理論，卻在大多數的心理學概論書中占有重要比重，實在相當諷刺。

不過隨著文化心理學的興起，心理學過度偏向實驗為主的研究模式受到質疑，部分學者認為對實驗的說明（explanation）並非研究心理的唯一方法，對現象的解釋（interpretation）也可以是一種方法，因此潛意識也成為文化研究的另一個重要主題。

現在起，我將向各位介紹我所參考的文化心理學的潛意識理論從何而來。這一方面是希望各位知道我文章中的主張都是有憑有據的，另一方面也希望文化心理學的領域未來越來越廣。

雖然可以說潛意識的理論建構源於佛洛伊德的心理動力理論，不過最早指出潛意識影響人類心理的人，是被譽為心理學之父的威廉・馮特。儘管他因為設立心理學實驗室而成為科學心理學之父，但是他也留下了名為《民族心理學》的巨著。

馮特的民族心理學主張，要想了解人類無法透過實驗驗證的高級心理過程，就必須先了解他們延續至今的歷史和文化。因為文化是某些人在長時間的生活中形成的脈絡（context），所以如果想了解這個脈絡下人類的行為，就一定要先了解他們至今的歷史和神話、傳說、民間故事等文化遺產。

馮特的這種想法直接為榮格所繼承。相較於佛洛伊德強調以性慾為核心的個人潛意識，榮格則是強調群體內共享的「集體潛意識」。形成集體潛意識的元素，正是馮特在《民族心理學》中提到的神話、傳說和民間故事等。

榮格的集體潛意識是從遙遠的祖先傳承下來的知識和情感。集體潛意識可以透過夢或古老的象徵一窺其奧祕，這種形象或象徵便稱為原型（archetype）。除此之外，榮格還開創了相對於理性或儀式的陰影（shadow）、男性潛意識中的女性形象阿尼瑪（anima）、女性潛意識中的男性形象阿尼姆斯（animus）等概念，為後人提供了深入探討人類心理的架構。

對於群眾集體行為的研究，最早始於古斯塔夫．勒龐（Gustave Le Bon）。他研究法國大革命之後的混亂期，寫下關於群眾動機的《烏合之眾：群眾心理研究》一書。換言之，要想了解群眾，最重要的是了解群眾的欲望，尤其是潛意識的欲望。

馮特的立場由現代的塞爾日．莫斯科維奇（Serge Moscovici）所繼承。莫斯科維奇是來自羅馬尼亞的法國社會心理學家，他將心理動力理論、人類學、社會學的觀點帶入以實驗為主的現代社會心理學，嘗試從更廣泛的角度解釋人類的社會行為。

其中莫斯科維奇的「社會表徵理論（social representations theory）」，是我用來作為文化研究的主要理論。社會表徵是指人們所共享的意象、行為模式與思維方式，而社會表徵理論就是從各種資料中抽取出社會表徵的訊息，藉此研究其背後心理的理論。

部分不明就裡的人批評潛意識和心理動力理論不夠科學，這樣的批評顯示了他們的無知。心理動力理論受到批評的地方在於難以驗證，不過理論的合理性和驗證的可行性是不同的問題。

雖然無法透過實驗提供因果關係的科學證據，但是對現象的合理解釋是完全可行的。而且實證科學和分析科學並非孰優孰劣的關係，為了說明人類複雜多端的行為，兩者都是不可或缺的。

心理動力理論的核心在於欲望。人類是擁有欲望的存在，為了滿足這種欲望而活。然而現實生活中不被滿足的欲望，在不知不覺中受到壓抑，而受到壓抑的欲望又使得自己動彈不得。

文化是關於欲望和滿足欲望的體系。這是人類學家馬林諾夫斯基（Brcnislaw Malinowski）的主張，也是身為文化心理學家的我對文化的定義。馬林諾夫斯基曾經透過對初步蘭群島（Trobriand Islands）的觀察，發現戀母情結與人類社會化過程中對訓育者的態度有關。馬林諾夫斯基的心理功能主義（Psychofunctionalism）促成了心理人類學（Psychological Anthropology）的出現，使其成為文化心理學的重要一環。

針對一時難以理解的讀者，我總結出以下三點。

1. 潛意識出現在人類滿足欲望的過程中。
2. 文化是滿足欲望的體系。
3. 因此在文化現象中，也有（不少）與潛意識相關的現象。

【結語】

鐘的國家VS劍的國家

到目前為止，我們利用各種文化現象重構了韓日兩國人民的心理。這該如何總結呢？

人類學家露絲・潘乃德曾用「菊與刀」兩個詞彙來概括日本的文化。不少人根據這個主張，認為日本是「表面上拿出菊花，暗地裡藏著刀」，然而這不過是流於表面的解釋而已。

當然，雙重性也是日本文化的重要特徵，但是「菊與刀」的象徵性不僅止於此。部分「科學家」瞧不起象徵之類的解釋方法，這也是非常可笑的。科學家自己也沒有意識到，當他們在解釋自己的研究成果時，必然反映了個人的主觀想法、觀點與知識。

文化心理最重要的基礎在於該文化中人們的認識論，也就是對「知識」的理解。認識論（epistemology）屬於哲學的範疇，必須回答「什麼是知識」「如何認識」「知道後該做什麼」等的問題。

人們如何定義「知識」，這是個非常重要的問題。因為對知識的認知，可以看出該文化中的人們對世界的認知，也就是「世界觀」。從世界觀中衍生出對人類的理解（「人生觀」），再從人生觀中衍生出對自我的看法（「自我概念」）和對人際關係的態度，以及由此引發的行為模式。因此對於知識的認知，亦即認識論，是理解心理最重要的部分。

正如第三章結尾所言，日本人對於知識的想法，可以從「分かる」一詞推敲出來。從區分的「分」字來看，對日本人而言，知識似乎與「分享」某些事物有著密切的關係。

除此之外，日語當中也有不少含有「切」或「斬」字的用法，意思與「刀」「劍」或「用刀砍」有關。例如從旁幫忙或協助者稱為「助太刀（すけだち）」，是用太刀幫助的意思；「裏切り（うらぎり）」的意思是背叛，指的是從背後捅刀。

另外，清爽俐落的心情或了不起的手藝稱為「切味（きれあじ）」，抓出稿件之類的截稿時間後切斷，稱為「締切り（しめきり）」。我的主修雖然不是日語，不過聽說這類用法相當常見。韓語當中經常使用的「較量（진검승부／眞劍勝負）」，也是源自日本文化的用法。

日本人透過「用刀刺、用刀切、用刀割」的方式來理解自己，建立關係，並且建構世界。刀是一種「認知的工具」，利用刺、切或割等方法劃分事物，以便日本人認識該事物。

刀的另一個意義是「強大」的象徵。我曾多次向各位說明「強大」在日本文化中的意義。日本人為了善盡自己的角色和義務，也為了守護自己所擁有的珍貴事物，必須變得強大才行。然而赤手空拳的日本人有幾個心理上的脆弱之處。

由於日本文化的特性，日本人在成長到一定的階段之前，難免會在某些事情上遭遇問題，例如和照顧自己的父母之間的關係、幼兒期經驗中產生的自尊感、妥善管理生活中各種負面情緒的能力等。

刀可以克服人們的這種脆弱，使人們變得強大。無論體型再怎麼矮小，力量再怎麼薄弱，只要拿起刀，事情就不一樣了。沒有人會看不起拿刀的人。刀可以彌補低落的自尊感，讓人在其他人面前「無所畏懼（大丈夫）」。這是日本「刀文化」的第二個原因。

再說拿刀的人都是武士，也就是さむらい。武士（さむらい）都是重視名譽，對君主言聽計從的人。日本人對每件事都用武士上戰場的心情來面對，在沒能守住名譽時感到無比羞恥，因此有時為了避免可能丟臉的事情，日本人甚至會逃避要負責任的事情。日本人的這種行為模式，正是由此產生的。

由於刀具有各式各樣的功能，因此在過去漫長的歷史中，即便大多數日本人並非武士，刀依然可以視為最能象徵日本文化本質的物件。

韓國也有刀，但是韓國不是刀文化。我們通常稱日本為拿刀的武士文化，稱韓國為拿筆的儒生文化。武士和儒生分別代表過去兩國的統治階層，他們主要使用的刀和筆，也在完全相同的比較層次上，因此這樣的形容是非常恰當的。

正如拿刀的日本武士一樣，朝鮮儒生們也用筆來規範自己，定義自己生活的世界。有時一支弱不禁風的筆，能比刀掀起更猛烈的腥風血雨。我們常說「筆桿子比槍桿子更厲害」，這句話並非空穴來風。

從毛筆到鉛筆，鉛筆到原子筆，再從原子筆到鍵盤，身為儒生後裔的韓國人今天依然忙著用鍵盤對決。由此看來，毛筆確實是相當適合韓國的象徵。

不過，我認為「鐘」會是最能表現韓國文化的象徵。在《日本人的「縮小」意識》一書中，李御寧老師也說過類似的話。如果說日本人用鐵鍛造出世界上最鋒利的刀，那麼韓國人就是用鐵鑄出世界上聲音最響亮的鐘。

這個差別是什麼呢？

鐘是佛教四大法器之一。去到規模稍大的寺廟，可以看見法鼓、雲板、木魚和梵鐘。法鼓是為拯救人間的四足禽獸，木魚是為拯救水中生物，雲板是為拯救天上飛翔的飛禽所敲。梵鐘是四大法器之首，目的在於警醒包含人類在內的一切眾生。據說梵鐘的聲音甚至能直達地獄受苦的人們。

鐘普遍存在於有佛教傳入的國家，但是韓國的鐘尤其佔據獨一無二的地位。與其他文化圈中的鐘相比，韓國的鐘無論在大小或鑄造技術、造型美等方面，都被認為是最傑出的。其中最獨特的是聲音。

韓國鐘聲可以發出最響亮、傳得最遠的聲音，其祕密就在於「節拍現象」，是兩個不同的頻率達到協調產生的現象。於是鐘聲可以反覆變大變小，像海浪一樣傳遞到非常遠的地方。

一個是世界上最鋒利，能切斷一切物品的日本刀，另一個是能傳遞到世界上最遠的地方，與世間萬物融為一體的韓國鐘聲。這正是韓日兩國文化在本質上最大的差異。

如前所述，刀是日本人認識世界的工具，也是強化自我的工具。我認為韓國的鐘也和刀有一樣的功能。

鐘聲有包容世間萬物的特性。我個人認為，「包容（아우르다）」一詞或許可以等同於「知道（알다）」。因為知道某些事物，就意味著將該事物包容進自己理解的範圍內。

「領悟（깨닫다）」也可以理解為「打破後包容（깨서 아우르다）」的意思。換言之，就是打破原有的認知框架，重新包容進自己的認知裡。其實這種推論是無法從科學上證明的，但是我之所以提出這樣的主張，是因為這種「包容」的行為和韓國人的性格相當密切。

韓國人將自己視為影響他人的主體（主觀自我）。這或許與韓國文化的幾個特點有關，簡而言之，就是寬容的教養態度和由此產生的自戀傾向、脫離現實的自我價值感等。

如果要用一句話來總結韓國的性格，我會說是「影響者（influencer）」，也就是影響他人的人。如果有人看不起自己，韓國人就會自尊心低落；如果有人不懂自己的心，韓國人就會產生「心火病」。當自己真實的面貌和內心所想的不一樣時，韓國人會感到極度不適，過分努力彌補中間的差異；如果真覺得不行，至少也要虛張聲勢一下，誇大自己的影響力。我認為韓國之所以有許多大嗓門的人，可能也是因為這個原因。

韓國有大嗓門的人，也有聲音無遠弗屆的鐘。在我看來，韓國人總想將一切事物包容進自己的世界，也想將自己的影響力擴及至身邊的人，所以鐘就是最能表現韓國人特性的象徵了。

那麼，韓國人究竟從什麼時候開始變成這種人呢？近來許多學者認為，韓國人之所以有強烈的自我主張，出現炫耀性消費等自我炫耀的行為，是因為經濟水準的提高和個人主義的發展等原因，不過我的看法不同。

鑄造世界上最大口鐘（聖德大王神鐘）的時代，最早可追溯至統一新羅時代，而當時檀君神話已經出現「弘益人間」一詞。由此看來，韓國可能在更早之前就已經出現這種特質了。

K原創 024

越線的韓國人，劃線的日本人
用心理學觀點剖析韓日兩國

作者—韓民
譯者—林侑毅
出版者—大田出版有限公司
台北市一〇四四五中山北路二段二十六巷二號二樓
E-mail—titan@morningstar.com.tw http://www.titan3.com.tw
編輯部專線—（02）2562-1383 傳真：（02）2581-8761
總編輯—莊培園
副總編輯—蔡鳳儀
行政編輯—鄭鈺澐
助理編輯—張筠和／郭家妤
校對—黃薇霓／林侑毅
初刷—二〇二三年九月十一日 定價：四五〇元
網路書店—http://www.morningstar.com.tw（晨星網路書店）
TEL：（04）23595819 FAX：（04）23595493
購書Email—service@morningstar.com.tw
郵政劃撥—15060393（知己圖書股份有限公司）
印刷—上好印刷股份有限公司
國際書碼—978-986-179-820-2 CIP:541.2014/112010132

填回函雙重禮
①立即送購書優惠券
②抽獎小禮物

國家圖書館出版品預行編目資料

越線的韓國人，劃線的日本人／韓民著；
林侑毅譯 .——初版——台北市：大田，
2023.09
面；公分 .——（K原創；024）

ISBN 978-986-179-820-2（平裝）

541.2014　　112010132

This book is published with the support of the Literature Translation Institute of Korea (LTI Korea).